ビジネスに活かす
聖書
の知恵

挫折・怠惰から直感・感謝へ

野田和裕

はじめに

あなたは聖書に、どんなイメージを持っていますか？　日本ではキリスト教文化が日常生活に根づいているとは言い難く、聖書を手に取ったことのない方が大半だと思います。しかし、世界に目を向けると、聖書は「**ブック・オブ・ブックス（Book of Books）**」、つまり「**書物の中の書物**」として位置づけられています。これは、**全世界で読まれているベストセラー**であり、歴史的にも文化的にも計り知れない影響を与え続けてきた書物だからです。

そんな聖書が、果たして現代のビジネスや人生にどんな役立つ知恵をもたらすのでしょうか。この問いに答えることが、本書『**ビジネスに活かす聖書の知恵**』の目的です。この本は、ビジネスの現場で直面する課題や人生における困難を乗り越えるための、**実践的で深い知恵**をお伝えするものです。そして、その知恵の源が、聖書という1冊の書物から得られるものであることをお伝えしたいのです。

この本を手に取った皆さんにとっての最大の魅力は、「**聖書の知恵を、ビジネスや人生の中で具体的に活用できる**」という点です。成功を目指すには、具体的な行動の指針が必要です。聖書には、リーダーシップ、目標設定、コミュニケーション、逆境への向き合い方など、日々の生活やビジネスに直結する知恵が数多く含まれています。この書籍を読み進めることで、それらを自分の力として活かしていくことができるでしょう。

まず少しだけ、私自身についてお話しさせてください。私、野田和裕《のだかずひろ》は、2006年に日本では珍しいキリスト教専門の葬儀会社を立ち上げました。それまでビジネス経験がほとんどなかった私が、一人起業から事業をスタートさせたのです。当初は本当に多くの壁に直面しました。スタッフのマネジメント、資金繰り、顧客との信頼関係――これらすべてが私にとって未知の課題でした。正直なところ、「やっぱり自分には無理かもしれない」と思うことが何度もありました。

しかし、そんなときに支えてくれたのが、幼い頃から親しんできた聖書でした。たとえば、「**あなたがたのうちの一番偉大な者は、あなたがたに仕**《つか》**える人でなければなりません。**」（**マタイの福音書**《ふくいんしょ》**23章11節**）というイエスの言葉。この言葉を通じて、リーダーシップとは権力を振りかざすことではなく、相手に寄り添い、支え続けることだと学びました。私はこの教えを実践し、スタッフ一人ひとりと向き合い、ともに成長する姿勢を大切にしてきました。その結果、事業は着実に成長し、現在では大阪《おおさか》を皮切りに、鎌倉《かまくら》、東京《とうきょう》、京都《きょうと》に4つのオフィスを構えるまでとなり、一人起業から始まった小さなビジネスではありましたが、現在、日本全国1000カ所近くのプロテスタント教会との関係も広がり、**日本最大のキリスト教専門葬儀社となっています。**「聖書の知恵」の支えにより、着実に日々成長しております。

私のビジネスの原点は、祖父の生き様にも深く影響を受けています。終戦後、福島《ふくしま》県でリアカー1台からスタートした祖父のペンキ店は、たび重なる失敗と試練を乗り越え、最終的には、私立高校（甲子園連続出場校で有名な福島県の聖光《せいこう》学院）、自動車学校、幼稚園、福祉関連事業（創世《そうせい》グループ）、語学学校、保育園、等々の事業を次々と展開していきました。祖父は他界しましたが、現在、祖父から始まったビジネスは、**全国40カ所以上の事業所となり、従業員も1000名以上の企業**へと成長しました。**その成功の背景には、確実に「聖書の知恵」があります**。その聖書から学び取った祖父の精神は、私自身の人生の羅針盤にもなっています。

また、世界に目を向けると、キリスト教徒は23億人以上いると言われています。これは、**世界人口の約4人に1人が聖書を日常的に読み**、その教えを生活の指針としている計算です。その中には、政治家、経営者、科学者といったリーダー層も多く含まれています。**名だたる成功者たちが、聖書を読んでそこから人生の知恵をつかんできたのです**。聖書は単なる宗教書ではなく、人間の行動原理や人生哲学に深く関わる「**知恵の宝庫**」としての側面を持っているのです。

この本を通じてお伝えしたいのは、聖書の教えがどれほど普遍的で実用的なものかということです。そして、聖書を「古い宗教の書物」として敬遠するのではなく、「**人生をより良く生きるためのツール**」として活用してほしいという願いがあります。

本書を読み終えた頃には、あなた自身が「聖書からこんなにも多くのことを学べるとは思わなかった」と驚きと発見を感じていただけるはずです。

もちろん、この本でお伝えするのは、難しい理論や高尚な宗教論ではありません。ビジネスや日常生活の中で、すぐに活かせる具体的な行動指針です。それは、聖書の教えを土台《どだい》としながら、私自身が実践し、結果を出してきた知恵でもあります。特に、目標を設定し、それを達成するために行動を起こし続ける力をつける方法。そして失敗から学び、困難を成長の糧に変える姿勢です。そして、日々の小さな成功をつみ重ねる重要性――これらすべてが、あなたの人生を変える鍵となるはずです。

さあ、この本を通じて一緒に旅を始めましょう。あなたの可能性を信じて。そして、聖書の知恵とともに、新しい一歩を踏み出す勇気を持って進んでいきましょう。

目次

第2章　チャンスをつかむ方法

第3章　小さなつみ重ねで大きな達成感を手にする

第4章　失敗を成功に変える秘訣

第5章　あなたの人生を変える行動

ビジネスに活かす聖書の知恵
——挫折・怠惰から直感・感謝へ

第1章　利他はビジネスの要

・自分にしてもらいたいことを、人にする

私が一人起業でビジネスの道を歩み始めたのは今から20年前。当時は本当に手探り状態で、一つひとつの選択に必死でした。周囲に頼れる仲間もおらず、すべてを自分一人で決断し、行動に移す必要がありました。そんなときに私を支え、進むべき道を示してくれたのが「聖書の言葉」でした。一人で挑戦するというのは決して容易なことではありません。だからこそ、一つの確かな「土台《どだい》」が必要だったのです。私が事業を始めた当初、何度も壁にぶつかり、時には失敗が続き自信を失いかけたこともあ

りました。しかし、そのたびに思い出したのがこの言葉でした。

「何事でも、自分にしてもらいたいことは、ほかの人にもそのようにしなさい。」
（マタイの福音書《ふくいんしょ》7章12節）

この聖書の言葉は「**黄金律**《おうごんりつ》」と呼ばれ、非常にシンプルでありながらも深い教えで、ビジネスの現場でも非常に有効な指針となります。私が独立して事業を始めた頃、「お客様の信頼を得ること」が最も重要だと感じていましたが、どうすればその信頼を得られるのか、迷うこともありました。そんなとき、この聖書の言葉に立ち返り、「**まずは自分が相手からしてほしいと思うことを実践しよう**」と心に決めたのです。

葬儀の仕事では、お客様の心に寄り添うことが最も大切です。悲しみに暮れるご家族にとって、葬儀は大切な方との最後の別れの場。そのため、私自身が「**もし自分が同じ立場ならどうしてほしいか**」を常に考え、丁寧《ていねい》に対応することを心がけました。この姿勢を貫くことで、少しずつお客様からの信頼を得ることができました。

ビジネスで成功をつかみ取るためには、まず「しっかり稼ぐ」という強いマインドが必要です。これは決して欲にまみれることではありません。生きるため、家族を養うため、また夢を実現するためにお金を稼ぐことは当然のことです。しかし、稼ぐことばかりに焦点を当ててしまうと、ビジネスの本質を見失いがちです。だからこそ、聖書から学ぶ「**奉仕**」の**精神**を忘れてはいけません。

聖書の中でイエス・キリストはこう言っています。

「人の子が来たのも、仕《つか》えられるためではなく、かえって仕えるためであり、また、多くの人たちのための、贖《あがな》いの代価として、自分のいのちを与えるためなのです。」
（マルコの福音書10章45節）

ビジネスにおけるリーダーシップにも、この「仕える姿勢」はとても重要です。会社のトップに立つと、つい権力を振りかざし、自分だけ得をしようと考えてしまう場合もあります。しかし、本当のリーダーシップとは、他者のために自らが動くこと。仲間や従業員のために汗をかくことが大事だと思うのです。

私は経営展開をしていく上で、いつもこのリーダーシップを意識しながら、ビジネスを展開してきたつもりです。最初は一人で教会を回り、インターフォン越しに断られる日々もありました。しかし、その中で1つだけ心に誓っていたことがありました。それは「どんなに忙しくても、**必ずお客様に愛の実践を意識する**」ということです。その愛の実践を意識し、お客様一人ひとりに向き合う姿勢から信頼を生み、徐々にビジネスの成長につながると感じております。

また、日本でも有名な経営者である稲盛和夫《いなもりかずお》氏も、「利他《りた》の心を持ちなさい」と言っています。つまり、自分の利益だけでなく、他者の幸せや利益を考えることがビジネスで成功するための秘訣であると。これは聖書が語る「奉仕の心」に近い精神だと思います。企業の目的は利益ばかりを追求することではなく、社会に貢献し、お客様や従業員、地域に喜びを与えること。だからこそ、「しっかり稼ぐ」だけでなく、

「しっかり仕える」という視点を持ち続けることは大切だと思います。

現代社会は、物価高騰や経済の先行き不透明な状況が続いています。ここ数年はますます、多くのビジネスが収益を確保することに頭を悩ませる時代に突入しています。たとえば、日本の大企業ですら業績不振で人員削減を行う事例が増えています。この厳しい状況で「稼ぐ」ことに集中するのは当然のことです。ですが、この時代だからこそ、忘れてはいけないのは「**人に仕える心**」だと私は思うのです。

私の事業でも、毎年の売上を確保するためにさまざまな戦略を立ててきましたが、その中でスタッフ全員に意識して共有してもらったのは「お客様一人ひとりの人生に寄り添う」ということです。最近の例ですが、あるお客様から「葬儀に関すること以外でも、野田さんに相談してもいいですか？」という連絡をいただきました。その方は実は、親族の介護問題で悩んでおられ、私の仕事とはダイレクトには関係しない内容でした。しかし、「お客様が困っているなら力になりたい」という思いから、できる範囲でサポートしました。結果としてその方は、私たちの業務以外の対応に深く感謝してくださり、弊社の働きを多くの方々にご紹介いただけるような信頼関係を築くことができました。

ここで私が強調したいのは、「ビジネスで稼ぐ」ことと「奉仕する」ことは決して相反するものではなく、むしろ両立することでさらに大きな成果を生むということです。**しっかり稼ぐためには、しっかり奉仕しなければなりません。**ビジネスのリーダーであれば、この姿勢を貫くことが、周りの人々の信頼を勝ち取り、ビジネスの拡大を生むと強く感じています。

まとめると、**「稼ぐ」ためには「奉仕」の精神が必要**です。ビジネスの成功は、どれだけ多くのお金を手に入れるかだけではなく、どれだけ多くの人に喜びと幸せを与え全力で仕えていくかにかかっていると思います。しっかり稼ぎ、しっかり仕え奉仕する。この両輪がそろってこそ、ビジネスは真の成功をつかみ取ることができるのです。

・優れたリーダーは人に仕える

ビジネスの世界では、かつて「お客様第一主義」という言葉が当たり前のように使われていました。顧客の満足を最優先にする姿勢は確かに重要ですが、現代のビジネス環境では、それだけでは十分ではありません。昨今の急速な変化や働き方の多様化、そして経済の不安定さなどを背景に、「従業員の幸せを大切にする」ことが企業の持続的な成長に直結すると考えられるようになってきました。実際、多くの企業が従業員のヤル気や働きがいを高める取り組みに力を入れ、それが結果的に顧客満足度や会社の利益にもつながる「ともに成長するビジネスモデル」へと進化しています。

こうした変化の中で「サーバントリーダーシップ」が注目されています。これは一言で言えば「仕えるリーダー」です。リーダーが率先して従業員の幸福や成長をサポートし、チーム全体を確かな成果へ導く考え方です。まさに、ここには**愛**が根底にあるのです。かつては愛と言えば少し照れくさい響きがあったかもしれませんが、今の時代、これこそがビジネスの差別化のポイントになっていると感じます。人の感情や心に寄り添う愛の実践こそが、ビジネスでの大きな成果を生み出す秘訣だと私は考えています。

サーバントリーダーは、まずチームメンバー一人ひとりの成長や幸福を第一に考えます。その姿勢が、チーム全体の士気を高め、パフォーマンスを向上させます。そして何より、チームがリーダーの「愛ある行動」に共感し、理解することで、リーダー自身の言葉や行動に対する信頼感が増していきます。

ここで、聖書の言葉を一つ引用したいと思います。

「あなたがたの間で偉くなりたいと思う者は、みなに仕える者になりなさい。」（マタイの福音書20章26節）

この言葉は、リーダーシップとは単に指示を出すことではなく、むしろチームのために自ら進んで仕える姿勢こそが本当のリーダーシップになるということを教えてくれます。「愛」とは、ただ優しく接することだけではありません。ビジネスの現場では、時に厳しい決断や指導も必要です。しかし、その背景に「本気で相手を成長させたい」「一緒に確かな成果をつかみたい」という愛があるからこそ、メンバーはそのリーダーに信頼を寄せ、ともに歩んでいくのです。

たとえば、リーダーが積極的にメンバーの声に耳を傾け、彼らの悩みや希望を理解し、その解決策を見つけようとする姿勢を見せるだけで、チーム全体のモチベーションは劇的に変わります。逆に、リーダーが「自分だけの利益」を追求する姿勢を見せれば、チームはバラバラになり、期待していた成果も遠のいてしまうでしょう。

サーバントリーダーがチームを導く際、愛を持ってメンバーに接すると、その姿勢に自然と「共感」が生まれます。メンバーはリーダーの誠実な姿勢に心を動かされ、「この人と一緒に頑張りたい」と思うようになります。その共感が、結果としてチーム全体を一つにまとめ、さらなる高みへと導いてくれるのです。

ビジネスの世界で大きな成果をつかむためには、時には厳しい状況に直面することもあります。そのときこそ、リーダーの愛あるサポートが必要です。具体的には、メンバー一人ひとりの成長を応援し、彼らが困難に立ち向かう力を引き出すような「仕える姿勢」が求められます。

激動の日本経済の中で、リーダーに求められるのは、単なる指示を出す存在ではなく、むしろ、メンバーとともに歩み、**他者のために「仕えるリーダー」**である姿です。それは、自己犠牲的なものではなく、ともに成長し、ともに成果をつかむための愛の実践です。「仕えるリーダー」としての姿勢を持つことで、リーダー自身も成長し、チーム全体も大きな成果を挙げることができます。チームで確かな成果をつかむために、サーバントリーダーシップ、「仕えるリーダー」の役割を実践することで、あなた自身も、そしてあなたのチームも、より輝かしい未来へと歩み始めることでしょう。

・相手の身になる共感は、愛から始まる

ビジネスの現場でよく聞く言葉に「共感力」や「理解力」というものがあります。最近では、この「共感」が大切だと頻繁に言われています。確かに、誰かに共感されると安心し、自分を認めてもらえたように感じるものです。ところが、その共感や理解の根底にあるものが実は「愛」であることを忘れてしまいがちです。愛がなければ、ただの形だけの共感や理解になり、相手の心には響きません。

ある有名企業の社長が、コロナ禍《か》で経営が厳しくなったときに取った行動が、とても印象的でした。その社長は、社員を守ることを第一に考え、経費削減や人件費カットなど多くの企業が採用した手段を避けて、**全社員の雇用を守り抜いた**のです。彼は「社員が安心して働ける環境を守ることが、会社の未来を守ること」と考えたそうです。この行動こそ、愛の実践そのものであり、社員に対しての共感や理解を超えた深い愛情があったからこそ、彼らは困難を乗り越え、会社も信頼を高めていきました。

こういったリーダーシップは、特別なことではなく、普段の小さな行動から生まれます。

たとえば、部下が失敗したとき、その原因を責めるのではなく、その人の気持ちに寄り添い、なぜ失敗したのかを一緒に考える。自分が忙しい中でも、部下やチームメンバーの話にしっかりと耳を傾ける。そんな行動一つひとつに「愛」が込められているからこそ、人は心を動かされるのです。

このことを私もビジネスの現場で何度も体験してきました。たとえば、お客様からのクレームに対応するとき、ただ形式的に謝罪をするのではなく、本当にお客様の立場に立って「どうすればこの方の気持ちを理解できるだろうか？」と考える姿勢が重要です。そうすることで、単なる謝罪だけでなく、そのお客様が求めている真の解決策を見つけ出すことができます。そして、その姿勢こそが、お客様からの信頼を得て、長期的な関係へと発展するのです。

ビジネスは数字や成果だけで動いているように見えますが、その数字の背後には人と人との関係が必ずあります。リーダーとして、チームや社員、お客様に対して「**この人をもっと知りたい**」「**この人の気持ちに寄り添いたい**」と思うことが、リーダーシップにおいて欠かせないのです。そして、その根底にある「愛」が、あなたの言葉や行動ににじみ出てくるとき、それが周りの人に共感や理解として伝わり、多くの人の心を動かす力となるのです。

聖書の言葉に「**あなたの隣人をあなた自身のように愛せよ**」**（マタイの福音書22章39節）**というものがあります。この考え方は、ビジネスにも通じるものがあります。この愛は、特別なことをするのではなく、相手の立場を理解し、その気持ちに寄り添うことです。つまり、リーダーシップとは、相手に共感し、理解することから始まり、その行動が愛の実践であるべきだということです。ビジネスを通じて成功をつかむためには、単に利益を追求するだけでなく、この「愛の実践」を通して、共感と理解を深めることが必要です。特に、変化の激しい時代では、人と人とのつながりがビジネスの成否を分ける大きな要因となります。愛あるリーダーは、多くの人の心を動かし、その結果、チーム全体を一つにまとめ、困難な状況でも前進することができます。

では、実際に「愛」をどうやってビジネスの中で実践すればいいのでしょうか。たとえば、部下やチームメンバーの小さな成功を心から喜び、褒《ほ》めること。何か問題が起きたときは、まずは彼らの気持ちや考えをしっかりと聞いて受け止めること。また、日々のコミュニケーションの中で相手の努力や苦労を認め、感謝の気持ちを伝えること。こうした小さな行動がつみ重なっていくことで、愛の実践は形となり、周囲に伝わっていきます。

特にリーダーという立場になると、多くの目が自分に向けられます。その中で、自分自身が「愛」を持って行動することで、周りの人もその姿勢に共感し、次第にチーム全体が「愛」を基盤とした組織に変わっていくのです。そして、その愛の姿勢が社外にも伝わり、お客様や取引先、さらには社会全体からも信頼を得ることができるようになります。

結局のところ、**共感と理解を生むためには、その根底に「愛」がなければなりません**。ただ知識やスキルだけでは、人の心を動かすことはできません。愛の実践を意識し、日々のビジネスに取り入れることで、あなた自身が人々の心に響くリーダーとなり、自然とビジネスも成功へと導かれることでしょう。ぜひ今日から「愛」を持った行動を意識してみてください。愛は小さな一歩から始まります。そして、その一歩がやがて大きな波となり、多くの人の心を動かす力となっていくのです。

・受けるより与えるほうが幸い

「人生での成果をつかむにはどうしたらいいのか？」——多くの人が一度は考えたことがあるテーマだと思います。私自身も長い間、この問いを追い求め、現在も必死に考えています。ビジネスの世界で成果を出すためには、リーダーシップや戦略的な思考、効率的な働き方が必要だと一般的には言われています。しかし、多くの経験を経て気づいたことは、実はもっとシンプルなことだと感じています。それは「仕える心」を持つことから、人生の本質的な成果につながる成長が始まるということです。

1．「仕える心」とは何か？

「仕える心」とは、他人を思いやり、相手のために自分の時間やエネルギーを使うことです。しかし、仕えるという言葉は「犠牲」のように感じられるかもしれません。でも、見方を変えると、自分が持っているものを惜しみなく他人に分け与えることで、実は自分自身の心が豊かになるのです。私たちはよく「自己実現が大事」と言いますが、**他者に貢献することが結果的に自分の心を満たしてくれる**のです。これはビジネスでも同じことが言えます。リーダーシップを押しつけるのではなく、相手をサポートし、相手のために動くことで、信頼や感謝が生まれるのです。

2.「仕える心」がリーダーシップの根底にある

「仕える心」を持つことでリーダーシップが発揮されるということを、多くの成功者たちが体験しています。リーダーとは、自分だけが目立つ存在ではなく、周囲の人たちを支え、彼らの力を引き出す存在です。聖書には、イエスが弟子たちの足を洗うシーンがあります。「**主であり師であるこのわたしが、あなたがたの足を洗ったのですから、あなたがたもまた互いに足を洗い合うべきです。**」(ヨハネの福音書13章14節)。これはまさに「**仕えるリーダーシップ**」の象徴です。偉大な人ほど、他者を支え、仕えることで人々を導くことができるのです。リーダーとしての役割は、指示することではなく、まずは自らが仕える姿勢を見せることだと感じます。

3.「仕える心」を実践すると、ビジネスはどう変わるのか？

私自身、ビジネスで「仕える心」を実践することで大きな変化を感じました。以前は、成果を出すことや、数字を追いかけることばかりに集中していた時期がありました。しかし、周囲のスタッフや取引先、お客様に対して**「どうしたら彼らのためになるのか？」という視点で行動を変えてみたところ、不思議とビジネス全体の流れがスムーズになりました。**たとえば、スタッフとのコミュニケーションにおいても「どうすればスタッフが楽しく働けるか？」と考えることで、自然とモチベーションが上がり、結果としてプロジェクト全体の成果も向上しました。この「仕える心」が結果的にビジネスを成功へと導いてくれるのです。

4.「仕える心」を見直すとき

現代社会では、効率や生産性が重視され、人とのつながりや「仕える心」が軽視されがちです。特に、コロナ禍以降、働き方が大きく変わり、人との直接的なコミュニケーションが減り、仕えることが難しくなったと感じる人も多いでしょう。だからこそ積極的な、「仕える心」を見直すことが必要だと思います。

5．自分らしい「仕える心」を見つける

「仕える心」は人それぞれ異なります。たとえば、「料理が得意だから、家族や友人においしい食事を振る舞いたい」というのも仕える心の一つです。仕事では「相手が必要とする情報をわかりやすく提供する」というのが自分の強みなら、それもまた仕える心です。大事なのは、自分らしさを活かして他者に貢献することです。無理に他人に合わせる必要はなく、自分の強みを通して仕える心を実践することが大切です。

最後に、『**使徒《しと》の働き**』**20章35節**の言葉を贈ります。「**受けるよりも与えるほうが幸いである**」。この言葉は、一見すると損をするように思われるかもしれませんが、実際には、与えることから得られる喜びは何ものにも代えがたいものです。自分の中にある愛や思いやりを持って、周りの人々に「仕える心」を持って接することで、自分自身も愛され、認められる瞬間を実感できるはずです。それこそが、真の成長であり、

人生の豊かさにつながると私は信じています。

今この瞬間からでも遅くはありません。小さなことからでもいいので、「仕える心」を実践してみてください。家族に対して、職場の仲間に対して、取引先に対して、お客様に対して、あなたができる「仕える行動」を一つでも始めてみましょう。その小さな一歩が、やがて大きな達成、そして成長へとつながるはずです。

・愛を行動で示す方法

ビジネスにおいて、成長を継続するためには、ただ単に利益を追求するだけではなく、愛ある行動が不可欠です。ここで言う「愛」とは、他者への配慮や、ビジネスにおける「**気**《き》**配**《くば》**り**」「**目**《め》**配**《くば》**り**」「**心**《こころ》**配**《くば》**り**」「**手**《て》**配**《くば》**り**」を指します。私が常に意識しているのは、この4つの配りです。これらがしっかりできていれば、ビジネスにおいても人間関係においても、その基盤は揺るぎないものになります。愛は口先だけで語るのではなく、行動としてしっかり表さなければ何の意味もありません。

１．気配り：相手の状況を察知する力

ビジネスでは、相手の立場や状況を理解し、そのニーズに応じた対応をすることが非常に重要です。この「気配り」は、**相手が何を求めているのか、今どういう状況なのかを察知する力**です。お客様が悩んでいるときや、従業員が疲れているとき、その状況を素早く感じ取り、先回りして対応することで、信頼が深まります。私は日々の仕事の中で、忙しいクライアントに対してはできるだけ簡潔な報告を心がけ、逆にじっくり話したいときは時間を確保して話すようにしています。こうした細かな「気配り」がビジネスの信頼関係を築くための基盤となります。

２．目配り：状況の変化を見逃さないこと

次に大切なのは「目配り」。ビジネスの現場では、状況は常に変わっていきます。市場の動向、顧客のニーズ、従業員のモチベーションなど、目に見えない部分で変化が起きていることがあります。これに気づかずにビジネスを続けていると、知らぬ間に大きな問題に直面することになります。「目配り」は、細かい変化に気づき、早めに対応するための大切なスキルです。私は、チームのメンバー一人ひとりの表情や言

動からその日の調子やモチベーションの変化に目を光らせるようにしています。状況が悪化する前に小さな変化に気づき、改善を図ることで、大きな問題を未然に防ぐことができるのです。

3．心配り：相手の感情に寄り添うこと

ビジネスを進める中で、最も重要なのが「心配り」。ビジネスパートナーや従業員の感情に寄り添い、共感し、心からの思いやりを持って接することは、長期的な成長を達成する上で欠かせません。相手の喜びをともに喜び、困難なときには励ます。これが本当の「愛ある行動」だと私は感じています。口で「頑張って」と言うのは簡単ですが、相手の本当の気持ちを理解しようとする姿勢がなければ、その言葉は相手に響きません。心から寄り添い、真剣に相手の気持ちに向き合う姿勢が、ビジネスでも人間関係でも真の信頼関係を築くことにつながります。

4．手配り：具体的な行動で表す

最後に、「手配り」です。愛や配慮は、最終的には行動で示すことが必要です。た

とえば、**感謝の気持ちを持っているなら、それをただ心の中で思うだけでなく、具体的な行動で表すことが大切です。**お礼の一言を言う、相手が喜ぶちょっとしたプレゼントを贈る、困っている人の手を取ってサポートする。こうした小さな行動が、ビジネスを長く続けていく上で重要な要素となります。私自身、ビジネスの場面でも常に手配りを意識してきました。たとえば、忙しい時期でも従業員の疲れを感じたら、何かしらのリフレッシュの機会を設けたり、お客様には感謝の気持ちをこめた手書きのメッセージを送ったりしています。こうした行動こそが、愛を表す具体的な形だと思うのです。

ビジネスの成長には、冷静な判断や戦略的な思考が必要ですが、そこに「愛」がなければ長続きしません。愛ある行動を日々のビジネスに取り入れ、周囲の人々に対して気配り、目配り、心配り、手配りを実践することが、持続的な成長を生む基盤となります。

聖書にも**「あなたの隣人をあなた自身のように愛せよ。」（マルコの福音書12章31**

節）という言葉があります。これは、ビジネスにおいても非常に重要な教えだと思います。周囲の人々に対する愛を行動で示すことで、真の信頼と成長が生まれるのではないでしょうか。

愛は口で言うだけではなく、実際の行動で示すもの。日々の小さな行動にこそ、真の愛が宿ります。ビジネスの成長もまた、そうした愛ある行動のつみ重ねから生まれると心底感じています。

・聖書を読めばよい決断ができる

ビジネスを展開していくと、日々数えきれないほどの「決断」に迫られます。特に会社の成長や存続に関わるような大きな決断を迫られる瞬間は、まるで心の中に重い石を抱えたかのような感覚に陥ることもあるでしょう。そんなとき、私は常に「聖書の教え」に立ち戻ることを心がけています。聖書は、単なる宗教書や古い歴史の書物ではなく、現代の私たちが直面する問題や課題に対する貴重なアドバイスと知恵が隠されているのです。

私が起業して数年が経った頃、事業の拡大を検討する際に、新しい拠点を増やすか、現状の規模を維持して地盤を固めるべきかという大きな選択に直面したことがありました。心の中では「もっと前に進みたい」「もっと大きな事業にしたい」という期待と興奮がありました。しかし一方で「このタイミングで本当に拡大すべきなのか？」「リスクが大きすぎないか？」といった不安や迷いがあり、心の中で葛藤《かっとう》していました。このようなとき、私はふと立ち止まり、聖書を開くことにしました。旧約聖書の『箴言《しんげん》』にある次の言葉が目に飛び込んできました。

「心を尽くして主に拠り頼め。自分の悟《さと》りにたよるな。あなたの行く所どこにおいても、主を認めよ。そうすれば、主はあなたの道をまっすぐにされる。」（3章5−6節）

この言葉は、当時の私の心に深い安心感と安堵を与えてくれました。私たちビジネスパーソンは、時に自分の知識や経験に頼って物事を決めてしまうことが多いかもしれません。しかし、それだけでは不十分だと感じることがありませんか？　どんなに経験豊富であっても、未来のことは誰にもわからないのです。聖書のこの言葉が教えてくれたのは、まずは自分自身の知識に頼るのではなく、「神を信頼すること」、そして「神の導きを求めること」の大切さです。

その結果、私は新しい拠点を増やすという選択を一旦保留し、まずは現状の基盤をより強固にすることに力を注ごうと決めました。その後、時が経ち、事業は想像以上の成長を遂げることができました。当時の選択は、結果的に私のビジネスをリスクから守り、より確実な成長への道を切り開くことになったのです。

また、新約聖書の『**ヨハネの福音書**』には「**わたしが道であり、真理であり、いのちなのです。わたしを通してでなければ、だれひとり父のみもとに来ることはありません。**」（**14章6節**）という言葉があります。ビジネスで大きな選択をするとき、私たちは自分が進むべき道を必死に探します。しかし、この言葉は「神が私たちにとって最善の道を常に示してくださる」という確信を持たせてくれます。ですから、**迷ったときや決断に不安を感じたときほど、聖書を開いて神の声に耳を傾けることが重要な**のです。

ビジネスの世界では、リスクを取ることが必要な場面もあります。時には大胆な決断が求められます。しかし、そのリスクや決断が本当に意味あるものなのか、あるいは無謀なものでないかを見極める力は、神の教えに従うことで磨かれるのだと思います。ビジネスだけでなく、私たちの人生そのものもまた、神の導きによってより良い方向へと進んでいくことができるのです。

さらに、聖書の中には「**あなたがたの中に知恵の欠けた人がいるなら、その人は、だれにでも惜しげなく、とがめることなくお与えになる神に願いなさい。そうすればきっと与えられます。**」（**ヤコブの手紙1章5節**）という言葉があります。私自身、ビジネスを進める中で多くの壁にぶつかり、そのたびに知恵を求めて聖書を開きました。そのたびに、心に響く言葉があり、迷いや不安が解消されることが何度もありました。特に、困難なときや迷いが生じたときに「聖書の知恵」が、私にとって道標となり次に進むべき方向を示してくれるのです。

たとえば、ビジネスの現場では「周囲とどのように関係を築くべきか」という問題にも直面します。そんなとき、「**愛と謙遜の心を持って接する**」という聖書の教えがいかに重要かを感じます。イエス・キリストが示したような他者への愛と謙虚さは、ビジネスでも大きな力となり、信頼関係の構築において欠かせないものです。社員や取引先、顧客との関係においても、この「愛の心」を持って接することで、お互いに理解し合い、信頼関係が深まることを感じております。

こうしてみると、聖書の教えはビジネスの成功や人間関係の構築だけでなく、私たちが本当に求める「豊かな人生」を築くための知恵がつまっていると感じませんか。皆さんも、ぜひ人生やビジネスにおいて大きな選択や困難に直面したとき、一度立ち止まって聖書を開いてみてください。そこには、必ずあなたが今必要としている知恵と励ましが見つかります。そして、その「聖書の知恵」を心に刻み、実践することで、皆さんの人生やビジネスもまた、新たな道を開くことができるでしょう。

・直感とは深い内面から湧き上がってくる「真理」

ビジネスでは、時に瞬時の決断や直感的な判断が求められる場面があります。私自身、数えきれないほどの決断を繰り返してきました。その中で「直感」というものがどれほど重要な役割を果たしてきたかを実感しています。ただ、ここで言う「直感」とは、単に感覚的に思いつくものではなく、むしろ、私が言いたいのは「聖書に基づいた導きによる直感」です。

聖書を読んだ蓄積が潜在意識に染み込み、そのインプットされた蓄積から生まれるインスピレーション（突然湧き上がる直感的創造的なひらめき）、それは、「根拠のない感覚」ではなく、**聖書を読むことで育まれる必然的な「直感」**であると感じています。クリスチャン目線で言うと、神様から与えられた「導き」となるわけです。

あるとき、私は新しいオフィス展開を実行するかを迷っていました。周囲からは「リスクが高い」「今はまだ早い」といった声もありました。しかし、そのときにふと浮かんだのが、旧約聖書に登場する預言者エリヤのストーリーでした。エリヤが神の導きによって荒野に旅立ったとき、彼は一見すると無謀とも言える挑戦をしていましたが、彼の直感は神に導かれたものと判断します。そして、その直感を信じて行動することで彼は結果的に成功を収めることができました。このエリヤの話を思い出した私は、「これは神からの導きではないか」と思い、新しい事業にチャレンジする決断を下しました。

結果的に、その挑戦は順調に展開し、私のビジネスはさらに成長することができたのです。この経験を通して感じたのは、「**直感を信じることは、神の導きを信じることと**」だということです。直感が神からのサインであるなら、それを信じて行動することが、人生をより力強く、前向きに進めてくれるのです。

新約聖書には「**あなたがたの信仰のとおりになれ**」(**マタイの福音書9章29節**)という言葉があります。この言葉は、私たちが自分の信じることに対してどれだけ真摯《しんし》であるかが、人生において重要だと教えてくれます。直感を信じることは、自分自身の信仰を信じることでもあります。何かを決断する際、その直感が神からのメッセージであると信じることができるなら、それは確信となり、行動力となるのです。とはいえ、直感に従うことは簡単ではありません。時にはその直感が周囲の意見と対立することもあるでしょうし、リスクを伴うことも多いでしょう。

しかし、**聖書を通じて得られた直感は、自己中心的な欲望や一時的な感情とは異なり、深い内面から湧き上がってくる「真理」**に近いものがあるかもしれません。それは、神の御心に照らされて生まれるものだからこそ、他者の意見に流されることなく、自信を持って行動できるのです。

ビジネスにおいて新しい取引先を選ぶときや、新しいプロジェクトに取り組むとき、その選択が正しいのかどうか迷うことがあります。しかし、そのときに「これは本当に神の導きだろうか？」と自分に問いかけることで、直感がより明確になり、信念を持って行動できるようになると感じます。私自身、この問いかけを続けることで、数多くのビジネスの決断を良い結果へと導くことができました。

また、直感を信じて行動することは、他人の信頼を得ることにもつながります。なぜなら、自分自身の信念に従って行動する人は、その姿勢がブレないからです。周りの人々は、その姿を見て「この人は本物だ」「信頼できる」と感じるものです。私がビジネスで多くのパートナーや顧客から信頼を得ることができたのも、聖書の教えに基づいて自分の直感を信じ、行動してきたからだと思います。

もちろん、直感だけに頼るのではなく、適切な情報収集や分析も必要です。しかし、その分析結果をどのように活かすかは、最終的には自分の直感と信念が大切です。そして、その直感が聖書の教えに裏づけられているのであれば、私たちは迷うことなく、より強く、前に進むことができるのです。

・今こそ生きる聖書の知恵

現代社会は、急速に変化し続けています。テクノロジーの進化や情報のデジタル化により、私たちの生活やビジネスの在り方は日々変わり続けています。その中で、「聖書の教えは、こんな時代でも本当に役立つのだろうか？」という疑問を持つ方もいるかもしれません。私自身も、起業家として新しい挑戦を続ける中で、この問いに直面することがありました。一見すると、聖書の教えは古代の価値観や道徳が多く含まれているように感じられるかもしれません。しかし、**実際に現代のビジネスや人間関係においても、その知恵は非常に深く、普遍的な価値を持っています。**私は、現代社会の一員として、また一人の経営者として、聖書の教えがどのように通用するのかを日々実感しています。

まず、現代のビジネスでは「競争」が避けられません。利益を追求し、他社と差別化を図り、常に先を目指すことが求められます。しかし、そんな中でも、私は「隣人を愛しなさい」というシンプルな教えが、どれだけ強い影響力を持つかを感じてきました。現代社会では、「効率」や「スピード」が重要視されがちですが、実際にビジネスを長く続けていくために大切なのは「人と人とのつながり」です。私が葬儀ビジネスでお客様に真心を持って接することを徹底してきた結果、多くの方々が「あなたにお願いしてよかった」と言ってくださったのは、この教えを現代社会でも実践し続けてきたからだと感じています。

もう一つ、現代社会では「成功」というものが多くの人々にとって大きな目標となっています。ＳＮＳやメディアを通して、他人の成功が瞬時に見えるようになり、それに対して焦りやプレッシャーを感じる人も多いでしょう。しかし、聖書には「自分自身を他人と比べることをやめなさい」というメッセージが込められています。たとえば、『ガラテヤ人への手紙』には「**おのおの自分の行いをよく調べてみなさい。そうすれば、誇れると思ったことも、ただ自分だけの誇りで、ほかの人に対して誇れることではないでしょう。**」（**6章4節**）とあります。

現代の競争社会では、どうしても他人と自分を比較してしまいがちです。私自身が一人起業から始めたとき、周りの企業や先を行くライバルと比べると、自分の成長がとても遅く感じられました。それでも、自分のペースでコツコツと努力を続けることができたのは、この聖書の教えがあったからです。他人と競争するのではなく、「**自分にとっての最善を尽くすこと**」が何よりも大切だと気づかされました。現代社会では、周囲の情報に振り回されがちですが、聖書の教えは、そんなときに自分自身を見つめ直し、心を落ち着かせる力を与えてくれるのです。

さらに、現代社会の特徴の一つに「多様性」があります。さまざまな価値観や考え方が混在する中で、自分とは異なる考えを持つ人々とどう向き合うべきかが問われる場面が増えています。聖書の中には「すべての人を尊重しなさい」という教えがあります。この言葉は、現代の多様性を尊重する社会においても非常に重要な意味を持っています。私は、さまざまなバックグラウンドを持つ方々と接する中で、この教えが現代でも非常に有効だと感じています。自分と違う考えや価値観を持つ人々に対しても、尊重し、理解しようとする姿勢を持つことで、深い信頼関係が築かれることを実感しています。

たとえば、葬儀の現場では、キリスト教だけでなく、他の宗教や価値観を持つ方々とも出会う機会が多くあります。その中で、私が大切にしてきたのは、相手の信念を尊重し、その人が大切にしているものを理解する姿勢です。これが、現代社会における「共存」と「共感」の鍵となっていると感じます。そして、この姿勢こそが、聖書が教えてくれる「愛」の本質ではないでしょうか。

結局、現代社会においても聖書の教えは普遍的であり、むしろこの時代だからこそ必要とされているのだと思います。ビジネスの成功だけでなく、人としての在り方、他者との関わり方、自分自身の生き方において、聖書の教えはしっかりとした「軸」となってくれます。

実際にその教えを自分なりに受け容《い》れ、実践してみると、今だからこそ、その価値がより深く感じられるのです。現代社会のスピードに翻弄《ほんろう》されず、自分自身を見失わずに生きていくために、聖書の教えは今もなお、私たちの心の支えとなり続けているのです。

第2章　チャンスをつかむ方法

・「たたきなさい、そうすれば開かれます」

私が一人起業でスタートした頃、まさに孤独との闘いでした。最初は何のコネクションもなく、一人で１５００軒もの教会を訪ねて営業に回りました。どの教会も私にとっては未知の場所で、インターフォン越しに「訪問営業はいらない！」と断られることも少なくありませんでした。そのときの孤独感と不安感は、今でも鮮明に覚えています。何度も心が折れそうになりながらも、私は「もう一度」と自分を奮い立たせ、次のドアへと向かい続けました。この経験の中で私を励ましてくれた聖書の言葉があります。それは「**求めなさい。そうすれば与えられます。捜しなさい。そうすれば見つかります。たたきなさい。そうすれば開かれます。**」（マタイの福音書《ふくいんしょ》7章7節）です。

この言葉は、ただ待つのではなく、自分から行動し、ドアをたたき続けることの大切さを教えてくれました。最初はまったく反応がなかったドアも、何度も、何度もたたき続けることで、少しずつ道が開かれていったのです。最初の2年間は、本当に苦しかった。営業で訪れ断られるたびに、「このまま続けて意味があるのだろうか」「自分のやり方は間違っているのではないか」と自問自答することもありました。しかし、そのたびに自分に言い聞かせました。「**たたき続けなければ、道は開かれない**」と。そうやって自分を奮い立たせ、1軒1軒訪問を続けていく中で、少しずつですが、話を聞いてくれる教会が現れるようになりました。最初はごくわずかでしたが、その小さな一歩が次のステップにつながっていったのです。

この「たたき続ける勇気」がどれほど大切かを痛感したのは、ある教会での出会いでした。その教会も何度か訪れたことがありましたが、いつも門前払いでした。それでも諦めずに通い続けたある日、牧師さんが私を招き入れてくれたのです。「あなたがこんなにも根気強く訪れてくれるなら、何か特別な思いがあるのだろう」と言ってくださったときの感動は、今でも忘れません。そこから、その教会は私の葬儀会社にとって大きな協力者となり、そこから徐々に他の教会へとご紹介していただけるようになりました。

この経験は、ビジネスだけでなく人生そのものにおいても「諦めずにたたき続けること」の重要性を教えてくれました。目の前に閉ざされたドアがあったとしても、そこで立ち止まってしまうのではなく、**勇気を持って何度でもたたくことで、道は必ず開いていく**ということを、身をもって学びました。

もちろん、たたき続けることは決して簡単ではありません。時には自分自身の心が折れそうになり、「もうこれ以上は無理だ」と感じることもあるでしょう。しかし、そこで諦めたら、道は開けません。私が続けてこられたのは、ただ「ビジネスを成功させたい」という思いだけではなく、「この仕事を通じて多くの方に貢献したい、キリストの愛を伝えたい」という強い願いがあったからです。その思いこそが、私を何度でも立ち上がらせ、次のドアへと向かわせてくれました。

ビジネスも人生も、自分の努力が報われるまで時間がかかることもあるでしょう。成果がすぐに見えないことに焦りや不安を感じることもあります。しかし、ここで大切なのは「**継続すること**」だと強く感じます。道が開かれるまでたたき続ける、そのつみ重ねが、やがて自分自身を成長させ、ビジネスも人生も大きく前進させる原動力となります。振り返ってみると、私のビジネスが成長してきたのは、決して特別な才能やスキルがあったからではありません。ただただ、ひたむきに「**たたき続ける勇気**」を持ち続けたことが、一歩一歩の道を切り開いてくれたのだと感じています。そして、今こうして多くの教会から信頼をいただけるようになったのも、あのときの自分の努力があったからこそだと思っています。

皆さんも、ビジネスや人生において、目の前に閉ざされたドアがあるとき、ぜひ勇気を持ってたたき続けてみてください。最初は開かないかもしれませんし、何度も断られるかもしれません。しかし、続けることで必ず道は開かれていきます。そして本当に価値あるチャンスや出会いが待っているのだと実感できるはずです。

「**たたきなさい、そうすれば開かれます**」――この言葉を胸に、どんなに厳しい状況でも諦めずに前に進み続けることで、きっと新しい道が見えてくるでしょう。私自身がこの言葉を信じ、これからも新たなドアをたたき続けていきたいと思っています。

・聖書から学ぶチャンスのつかみ方

人生やビジネスにおいて、「チャンスの時」は、意外と頻繁に訪れます。しかし、そのチャンスをつかむことができるかどうかは、自分がそれに気づき、行動に移せるかにかかっています。私自身これまでの歩みの中で、数え切れないほどの挑戦と失敗を繰り返してきましたが、その中で「チャンスの時」をつかむ力は、聖書的な直感に従うことで磨かれてきたと実感しています。

私のビジネスの歩みを振り返ると、日々の努力がすぐに成果につながるわけではありませんでした。多くの時間をかけても結果が出ず、心が折れそうになることもありました。それでも続けていたある日、突然、ある教会から「話を聞かせてほしい」と連絡が入ったのです。それは、私が何度も訪れては断られてきた場所でした。その瞬間、私は「これがチャンスだ」と直感的に思いました。しかし、ただチャンスが訪れるだけでは意味がありません。そのチャンスをどう活かすかが重要です。そのときに、私の心に浮かんだ聖書の言葉があります。

「天の下では、何事にも定まった時期があり、すべての営みには時がある。」（伝道者の書3章1節）

この言葉は、「どんな出来事にも適した時がある」ということを教えてくれます。私はそのチャンスが自分にとって最も適した「時」であると信じ、持てる力をすべて注ぎました。その結果、その教会は、弊社の働きの真意をしっかりと理解してくださいました。その教会の先生とは、気づけばかれこれ15年の付き合いとなり、ともに葬儀・終活から地域に根ざした働きを展開する関係になりました。この経験から学んだのは、チャンスは突然やってくるものではない。「**待つ姿勢**」、**そして「今がチャンスだ」とそのタイミングを逃さない行動**が大事だということです。そして、訪れたチャンスを見逃さずにつかむためには、普段から自分の心を磨き、直感を信じることが大切です。

聖書的な直感とは、ただの偶然や感覚ではなく、「これが神からの導きかもしれない」と感じる瞬間を受け容《い》れることです。私はこれまで、多くの決断を迫られる場面で、この直感を信じて行動してきました。ビジネスの方向性を変えるとき、新しい事業を始めるとき、あるいは人との出会いに対しても、心の中で「これだ」と感じる瞬間が何度もありました。そして、その瞬間に躊躇《ちゅうちょ》せず行動することで、ビジネスの大きな転機を迎えることができたのです。事業を大阪《おおさか》から鎌倉《かまくら》、京都《きょうと》、東京《とうきょう》へと拡大していく中でも、いくつもの「チャンスの時」がありました。そのタイミングで行動するかどうかは、まさに直感を信じる勇気が必要でした。**聖書に基づく直感とは、自分**

の欲望や感情ではなく、より大きな視点から物事を見ることだと思います。それは、自己中心的な考えではなく、**他者や社会にとって何が最善なのかを考えたときに生まれるもの**だと考えます。

このような視点を持つことで、目の前のチャンスをただの「一時的な成功」ではなく、**「長期的な成長」**へとつなげることができるのです。私が一人起業から始めてここまで事業を拡大できたのは、まさにこの聖書的な直感を信じ、チャンスの時に勇気を持って一歩を踏み出してきたからだと感じます。

また、聖書的直感を信じるためには、「準備」も欠かせません。チャンスは準備が整った人のもとに訪れます。私も一人で１５００軒もの教会を回り続けた経験を通じて、たとえ成果が出ない時期でも「いつか必ずチャンスは来る」と信じ、準備を怠りませんでした。すると、その努力のつみ重ねが、突然訪れるチャンスに対して即座に対応できる力となり、道を開いてくれたのです。

皆さんも、自分のビジネスや人生の中で必ず「チャンスの時」が訪れるでしょう。その時に、どうチャンスを受け容れ、行動するかが大切です。そして、そのためには日頃から自分の心を鍛え、聖書的な直感に従って行動する勇気を持つことです。

求める気持ちを持ち続け、行動し続けることで、必ず道は開かれます。そして、そのチャンスを聖書的直感として読み解き、勇気を持って一歩を踏み出すことで、私たちの未来は大きく変わっていくと信じていきたいです。

・いつも喜び、絶えず祈り、すべての事に感謝する

私が聖書の中で一番好きな言葉は、『テサロニケ人への第一の手紙』５章16－18節にある「**いつも喜んでいなさい。絶えず祈りなさい。すべての事について、感謝しなさい。**」という箇所です。この言葉は、私がビジネスを進めていく歩みの中で、何度も励ましと支えを与えてくれました。

ビジネスを展開していく中で、これまで多くの困難や試練に直面してきました。ビジネスを始めた当初は、うまくいかないことばかりで、心が折れそうになることも何度もありました。営業に回っても断られる日々、資金が足りなくて焦る時期、そして自分が本当にこの道で結果を出すことができるのかと、不安に駆られる瞬間……。そのような状況の中で、この聖書の言葉に何度も救われました。

「いつも喜んでいなさい」という言葉は、どんなに苦しいときでも希望を持ち続けることの大切さを教えてくれます。ビジネスをしていると、どうしてもネガティブな気持ちに引きずられてしまうことがありますが、私はこの言葉を思い出すたびに「**どんな状況でも、喜びを見つける努力をしよう**」と心に誓いました。たとえば、どんなに小さな成功や成長でも、それを心から喜ぶことで、新たなエネルギーが湧いてきます。そして、その喜びが次の挑戦への原動力となるのです。

「絶えず祈りなさい」という言葉も、私にとって非常に大切な教えです。起業家としては、常に先を見据え、迅速な判断や行動が求められます。しかし、すべてを自分の力でコントロールしようとすると、どうしても限界がきてしまいます。そのようなときに、この言葉が私に「自分ひとりで抱え込まず、神に委ねなさい」というメッセージを伝えてくれました。毎日のように忙しく動き回る中でも、祈る時間を持つことで心が落ち着き、冷静に物事を考えられるようになります。祈りは、私にとってビジネスの中で「自分自身をリセットする瞬間」であり、新たな気づきやひらめきを与えてくれる大切な時間です。

そして、「すべての事について、感謝しなさい」という言葉は、私が何よりも大切にしている心の姿勢です。ビジネスでの成果だけでなく、失敗や困難に対しても感謝することの意味を教えてくれます。起業してから、多くの失敗を経験してきました。取引先との関係がうまくいかなかったり、思ったような結果が出なかったり……。しかし、そのたびにこの言葉を思い出し、「**この経験も必ず自分にとって意味のあるものだ**」**と感謝**するように努めました。すると、不思議と次の一歩を踏み出す力が湧いてくるのです。

特に、葬儀ビジネスに携わる中で「感謝」の意味を深く感じることが多々あります。人の人生の最期に寄り添う仕事は、決して楽なものではありません。しかし、悲しみの中にも必ず感謝すべき瞬間があると気づかされます。**故人が生前に与えた愛や、残された家族との絆、そのすべてが「感謝すべきもの」として心に刻まれる**のです。このような瞬間に立ち会うことで、私自身も「すべての事に感謝する」という聖書の教えがどれほど深い意味を持っているかを実感しています。

現代社会では、結果や達成ばかりが重視されがちです。しかし、この聖書の言葉は「どんな状況でも、そこに喜びや感謝を見出し、祈りを通じて自分を整えること」が本当の幸せや充実感につながることを教えてくれます。私はこの教えをビジネスの場面だけでなく、日常生活でも実践することで、心の平安を保ち続けることができました。

また、この言葉は、他人との関係を築く上でも非常に大切なものだと感じています。私たちは、ビジネスにおいても人との関わりの中で生きています。スタッフや取引先、お客様との関係において、喜びや感謝、祈りの心を持って接することで、信頼と絆が生まれます。そして、その信頼こそがビジネスの成長を支える土台《どだい》となるのです。

「いつも喜んでいなさい。絶えず祈りなさい。すべての事について、感謝しなさい。」

という言葉は、私にとって人生とビジネスの指針であり、心の支えです。この教えがあったからこそ、私はどんな困難な状況でも前を向き続けることができました。そして、これからもこの言葉を胸に、さらなる挑戦と成長を目指し、歩み続けていきたいと思います。

・挫折は神様からの特別なレッスン

最近、ニュースを見ていると、成功をつかんだはずのスポーツ選手関連や芸能人、さらには大企業の経営者までもが、ある日突然スキャンダルや不祥事でどん底に転落する姿を目にします。まるで、高級レストランで注文したフルコースを楽しんでいたら、いきなり「閉店です」と言われて追い出されるようなものです。人生には、そんな「予想もしない挫折」がつきものです。

私自身も、ビジネスの世界に身を置く中で何度も挫折を経験しました。営業で何百件も断られ、資金繰りに追われ、時には事業の存続さえ危ぶまれるような危機に直面したこともあります。まるで「ここがあなたの限界です」と人生に宣告されたような気分でした。しかし、そんなときに私を支えてくれたのが聖書の教えでした。

聖書には、数多くの「挫折した人たち」のエピソードがあります。たとえば、有名なモーセの物語。彼はエジプトの王子として育てられましたが、ある日、正義感に駆られてエジプト人を殺してしまい、その罪から逃れるために荒野へと逃亡します。王宮の豪華な暮らしから一転、羊飼いとしてひっそりと暮らすことになった彼の姿は、まさに「どん底」。今で言うなら、華々しいキャリアを築いていたビジネスマンが、大きなミスを犯し、会社を追われ、田舎で細々と暮らすようなものです。しかし、彼はそこで終わりませんでした。神に導かれ、民を率いるリーダーとしての使命を授かり、最終的には数百万人ものイスラエルの民をエジプトから解放する偉業を成し遂げました。まさに、どん底からの大逆転です。これを現代に置き換えるなら、事業に失敗し、一度は奈落の底に落ちた起業家が、数年後に大成功を収め、再び脚光を浴びるようなものです。

ここで大切なのは、モーセは「逃げた」のではなく、「そこで学び、準備を整えた」ということです。人生の挫折は、単なる失敗ではなく、次のステップへの準備期間なのです。聖書には「**あなたがたを、耐えられないほどの試練に会わせることはなさいません。むしろ、耐えられるように、試練とともに脱出の道も備えてくださいます。**」（**コリント人への手紙第一10章13節**）という言葉があります。つまり、私たちに降りかかる試練は、それを乗り越える力が備わっているからこそ与えられるということです。

実は、私にも似たような経験があります。あるとき、長年信頼していたビジネスパートナーの会社が突然経営悪化し、倒産するとの連絡。その会社に弊社の大事な業務をお願いしていたので、これからの事業展開が一気に頓挫してしまいました。まさに青天の霹靂《へきれき》。しかし、その経験があったからこそ、私は新たな関係業者を開拓し、これまでは1社だけの委託だったのを、2社に分けてお願いすることにしました。その結果、以前よりも強いビジネス基盤を築くことができたのです。あのとき、「もう終わりだ」とその現状に甘んじ、積極的な行動に移らなければ、もっと事業は厳しくなっていたかもしれません。

時事ネタで言えば、最近話題の「オンライン会議の失敗」なんかも挫折の一種です。カメラをオフにしたつもりがオンになっていて、プライベートな姿を見られてしまったり、ミュートにし忘れてくしゃみを披露してしまったり。こんなちょっとした失敗も、気を取り直せば笑い話にできるものです。私も、オンラインセミナーで大事な話をしている最中に、愛犬が突然吠えだして一瞬にして真剣な雰囲気が崩れてしまったことがありました。気づいた瞬間、顔から火が出る思いでしたが、その後、しっかりとフォローし、むしろ参加者との距離が縮まるきっかけになりました。

聖書のモーセのように、失敗や挫折の中にこそ成長の種があるのです。試練の中でこそ、真の実力が試される。むしろ、挫折を経験しないまま成功し続けるほうが危険かもしれません。なぜなら、失敗から学ぶ機会を逃し、いざ本当に大きな困難に直面したときに、耐える力がないからです。

最近の日本経済の動向を見ても、多くの企業がリストラや業績悪化といった試練に直面しています。しかし、その中でも新しいビジネスモデルを構築し、新市場を開拓する企業が現れています。これはまさに、「挫折を成長のチャンスに変えた」結果です。だからこそ、皆さんも失敗を恐れる必要はありません。むしろ、失敗こそが成長のための最高のチャンスです。もし今、壁にぶつかっているなら、「これは次のステージに進むための準備期間だ」と捉えてください。聖書の登場人物たちも、時代を超えて同じように苦しみ、そして乗り越えてきたのです。

挫折や失敗、そしてそこから学ぶことは、人生を豊かにする「スパイス」のようなものです。時には悔しくて涙を流すこともあるでしょう。でも、その涙は、あなたをより強く、より賢くするためのもの。転んでもただでは起きず、次に活かせばいいのです。それこそが、聖書から学ぶ「人生の知恵」なのです。

・死と希望

私の葬儀・終活の仕事の目線から少しお話をさせてください。２０２５年、団塊の世代の方々がすべて75歳を迎え、日本は「超高齢多死社会」という未知の領域に足を踏み入れます。多くの方々が高齢者となり、人生の終わりと向き合うこの時代、私たちはどのように生き、そしてどのように「死」を迎えるべきなのでしょうか。葬儀ビジネスを営んでいる私にとって、このテーマはまさに目の前に迫る現実であり、日本社会全体が直面する大きな課題だと感じています。

これまで第1章、第2章を通して、私はビジネスの世界において聖書の教えを活かしながら歩んできた経験や気づきをお伝えしました。聖書は、人生の喜びや悲しみ、成功や失敗のすべてに対して「どう向き合うべきか」を教えてくれる1冊です。そして、その中で私が特に大切にしているのは「**人は一人では生きていけない**」ということ。ビジネスでも人生でも、人と人とのつながりが何よりも大切であり、それこそが生きる意味を見つける原動力になります。

２０２５年以降、私たちはこれまでにない速さで多くの「別れ」に直面することになるでしょう。愛する家族、友人、仲間たちとの別れは悲しく、つらいものです。しかし、その「別れ」の瞬間に、どれだけ心を込めて寄り添い、感謝の気持ちを持てるかが、本当の意味での「生きる力」につながると信じています。だからこそ、私が伝えたいのは、ただ葬儀を行うだけでなく、故人や家族の「生きてきた証」をしっかりと受け止めることの大切さです。ビジネスの視点から見ると、この多死社会の到来は「マーケットの拡大」と捉えられるかもしれません。しかし、私は単なるビジネスチャンスとして捉えるのではなく、ここに「人としての役割と使命」があると感じています。葬儀を通して「生と死」に向き合う中で、多くの方々が感じる孤独や悲しみに寄り添い、その方々に「**あなたの人生は素晴らしかった**」**と伝えられるような働き**をしていきたいと強く思っています。

さらに、聖書の教えを通じて、「死」というものが決して終わりではなく、次のステップへと続くものだと伝えていきたいのです。「すべての事について、感謝しなさい」という言葉が示すように、**人生のすべての出来事には意味があり、それぞれの出来事が私たちを成長させてくれるものです**。だからこそ、亡くなった方々の人生をしっかりと受け止め、感謝しながら送り出すことが、これからの日本社会に必要な価値観なのではないでしょうか。

今後、葬儀の形も変わっていくでしょう。宗教離れや直葬、墓地離れなど、葬儀や新しい形の追悼が増える中で、私たちが失ってはいけないものがあります。それは「人と人とのつながり」です。葬儀は「別れの場」であると同時に、「つながりを再確認する場」でもあります。そのつながりこそが、これからの日本社会を支える大きな力になると信じています。

また、超高齢多死社会に突入することで、多くの人が「終活」について考えるようになるでしょう。自分自身の最期をどう迎えたいのか、どのように人生を締めくくりたいのかを考えることは、実は「**今をどう生きるか**」を考えることでもあります。私は、葬儀ビジネスを通じて、そうした「生き方のヒント」を伝えていきたいと思っています。

たとえば、団塊の世代の方々がこれからの時間をどのように過ごすのか。その答えは、彼らが「人生の経験を次世代に伝えていくこと」にあると考えています。これからの社会に必要なのは、過去の経験や知恵を共有し、次世代がそこから学び、成長していくこと。だからこそ、私は葬儀だけでなく、その前段階から「人生を振り返り、感謝しながら歩む」ことをサポートしていきたいと思っています。

これからの展望として、私は単なる「葬儀ビジネスの経営者」ではなく、「**生と死をつなぐ架け橋**」としての役割を果たしていきたいと思います。聖書の教えを通じて得た「感謝」「愛」「祈り」の心を持って、多くの方々に寄り添い、その人たちの生きた証をしっかりと受け止めていく。そうした働きを通じて、超高齢多死社会においても、人と人との絆が失われることなく、豊かなつながりを持ち続けることができる社会を創っていきたいと願っています。これからの日本社会が直面する「多死」という現実は、決して暗いものではなく、「生きる意味を再発見するチャンス」だと私は思います。

聖書の教えとともに、私たち一人ひとりが「生きることの喜び」「人とのつながりの大切さ」を感じられる社会を創り上げるために、これからも歩み続けていきます。

・厳しいときこそ正しく真っ当な選択をする

人生は、選択の連続です。簡単に選べる場合もあれば、難しい決断を迫られる場面もあります。しかし、どんな状況においても**正しく真っ当な選択**を続けることこそが、最終的に大きな達成感や充実感を得るための鍵だと私は信じています。特に厳しい時期にこそ、その選択が私たちの未来を大きく左右するのです。

このテーマにぴったりの人物として、私は聖書の中の使徒パウロを挙げたいと思います。彼はもともと熱心なユダヤ教徒で、最初はキリスト教徒を迫害していましたが、劇的な体験を通してキリスト教に回心しました。その後、キリスト教徒としての人生を歩むことを選び、ユダヤ教徒から迫害を受ける立場になりました。最終的には殉《じゅん》教《きょう》を迎えましたが、彼は苦しい状況下でも、真っ当な選択をし続けたのです。

彼の言葉「**私は決勝点がどこかわからないような走り方をしていません。空を打つような拳闘もしてはいません。**」**(コリント人への第一の手紙9章26節)**は、ビジネスや人生においても非常に重要な教えを含んでいます。目標が不明確なままでは、どれだけ努力してもそれは無駄に終わるということです。現代のビジネスパーソンや起業家が、明確な目標を持たずに行動する場合、どんなに頑張ってもその努力は空回りしてしまいます。私たちも、**何を目指しているのかを具体的に明確にする**必要があります。目標がぼんやりしたまま行動していては、結果もまた曖昧《あいまい》なものになってしまいます。

多くの人が、ビジネスや人生で「なんとなく」の目標を抱えて生きています。たとえば、「ビジネスをうまく進めたい」「もっと収入を増やしたい」といった漠然《ばくぜん》とした願望だけでは、その目標は実現しにくいものです。具体的にどれだけの売上を達成したいのか、どのようにしてお客様に満足してもらえるサービスを提供するのか、具体的な目標を設定しなければ、いくら行動しても成果には結びつきません。

また、計画を立てても実行に移さない、もしくは一度の失敗で諦めてしまう人が多いように感じます。本当の成長は、失敗から学び、何度も立ち上がることで得られるものです。失敗があってこそ計画を修正し、再挑戦する。この姿勢こそが、最終的に大きな成果を引き寄せるのです。

ユニクロの創業者、柳井正氏も『一勝九敗』（新潮文庫２００３年）で「10回挑戦すれば9回は失敗する」と述べています。失敗を恐れず、失敗から学び続けることが大切なのです。多くの人は失敗すると自信をなくし、諦めてしまいますが、失敗から学び、それを次に活かすことで、成功に近づいていくのです。

未来に向けた選択をするためには、今この瞬間に正しく真っ当な選択をし続けることが重要です。たとえば、ＡＩ（人工知能）やテクノロジーの進化が加速している現代では、これまでのやり方に固執せず、新しい技術や知識を学び、それを柔軟に取り入れることが求められています。しかし、安易な近道を選ぶのではなく、自分の信念に基づいて正しい道を選ぶことが大切です。なぜなら、世の中がどれほど変わっても、人として大切なもの、価値あるものは変わらないからです。

また、長期的な視野に立つと、「持続可能性」を考えることが非常に重要になります。社会や環境に対する意識が高まっている今、ただ利益を追求するのではなく、私たちのビジネスがどのように社会に貢献できるかを考える必要があります。これが、単なる企業の社会的責任を果たすだけでなく、長期的には会社の信頼やブランド力を高め、結果的にビジネスの発展につながっていくのです。

最後に、大きな目標を持つことがどんなに難しくても、その目標を実現するためには、正しい選択をし続ける努力が必要です。私たちは人生やビジネスで何度も選択を迫られますが、そのときに勇気を持って真っ当な道を選び続けることが大切です。失敗しても構いません。重要なのは、失敗から何を学び、それを次にどう活かしていくかです。その繰り返しの中で、私たちは成長し、やがて大きな達成感を得ることができるのです。そしてその先には、価値ある未来が待っているのです。

ただ目に見える結果を得るだけでなく、**正しい選択を続け、誠実に努力し続ける姿勢そのものが成功者の証**だと感じています。厳しいときこそ、自分にとって真っ当な選択をし続け、その道を全力で進みましょう。その努力の先に、必ず道は開けるはずです。

・謙虚さが道を開く

聖書は単なる宗教書や道徳書ではなく、日々の暮らしやビジネスの現場で生きる知恵を与えてくれる「人生の指南書」でもあります。特に、ビジネスに携わる者として挑戦を続ける中で、私は何度もその教えに助けられ、道を切り開く力を得てきました。

ビジネスの世界では、成功のための必要な知識やスキルはたくさんありますが、それだけでは乗り越えられない壁にぶつかることがあります。私が一人起業でスタートしたとき、頼れる仲間もなく、資金もほとんどない状況で、何を拠《よ》り所《どころ》にすればよいのかわからなくなる瞬間が何度もありました。そんなとき、ふと開いた聖書の言葉が、私にとって一筋の光となったのです。特に私が大切にしているのは、「**忍耐**」と「**謙虚さ**」という２つの教えです。新約聖書の『**ヤコブの手紙**』には、次のような言葉があります。

「その忍耐を完全に働かせなさい。そうすれば、あなたがたは、何一つ欠けたところのない、成長を遂げた、完全な者となります。」（１章４節）

この言葉は、困難な時期に私を支えてくれました。何度も失敗し、なかなか成果が出ない中で、この言葉が「焦らず、粘り強く続けていけば、必ず道は開ける」という希望を与えてくれました。忍耐を持って続けていくことで、少しずつビジネスが軌道に乗り、信頼を得ることができました。

ここで注意する点もあります。ビジネスにおいて順調に良い結果が出始めると、どうしても「自分の力でここまで来た」という思いが芽生え、傲慢《ごうまん》になってしまうことがあります。しかし、ここでも聖書は「謙虚さ」を思い出させてくれます。旧約聖書の『箴言』の中に次のような言葉があります。

「高ぶりが来れば、恥もまた来る。知恵はへりくだる者とともにある。」（11章2節）

ここでの言葉は、事業が順調に拡大し始めたときに私を戒めてくれました。ビジネスにおける良い結果は、自分だけの力ではなく、多くの人々の支えや、神からの恵みがあってこそ成り立っているということに気づかせてくれたのです。謙虚さを忘れずにいることで、他者への感謝の気持ちを持ち続け、周りの人々とともに成長することができました。

さらに、私が聖書の教えを活用する上で心がけているのは、「**素直に読む**」ということです。聖書には、時代を超えて変わらない普遍的な知恵が詰まっていますが、あれこれと解釈しすぎてしまうと、その本質を見失ってしまうこともあります。私は、聖書の言葉をそのまま受け取り、自分自身の状況に当てはめて考えるようにしています。たとえば、「愛しなさい」「与えなさい」「ゆるしなさい」といったシンプルな教えを、そのまま日常生活やビジネスに活かすように心がけることで、多くの気づきを得ることができました。営業の厳しさの中で「**たたきなさい。そうすれば開かれます。**」**（マタイの福音書7章7節）**の言葉に何度も勇気をもらいました。この言葉を素直に信じ、ドアをたたき続けた結果、少しずつ道が開けてきました。このときの経験を通じて感じたのは、「どんなに小さなことでも信じて行動することで、必ず結果につながる」ということです。

　聖書を読むことで、ビジネスの成功や成長だけでなく、「人としてどう生きるべきか」という根本的な問いにも答えを見つけることができます。特に私のような葬儀に携わる者は、人の生き方や死に向き合う場面が多くあります。そこで問われるのは、「お金を稼ぐこと」や「成功すること」だけではなく、「**どれだけ他者に寄り添い、支えることができるか**」**という人間としての本質**です。聖書には「**隣人を自分のように愛しなさい**」という教えがあります。この言葉を胸に、私はお客様一人ひとりに対して心を込めて接するように心がけてきました。その結果、ビジネスという枠を超えた信頼関係が生まれ、多くの方々から感謝の言葉をいただけるようになりました。

聖書の教えは「心のガイドブック」だと感じております。日々の生活やビジネスでの行動に迷ったときに立ち戻る場所です。聖書の言葉に耳を傾けることで、必要な知恵と導きを見つけることができます。聖書の教えを知恵として活用してみてください。決して難しく考える必要はありません。素直にその言葉を受け取り、実践していくことで、あなた自身の道が明るく照らされ、新たな可能性が開かれていくことを感じるはずです。

・弱みを受け容れれば、人は輝く

ここでは少し私の本業の葬儀の仕事からのお話をさせてください。私はこれまで数多くの方々の人生の終わりに寄り添う葬儀の現場で、多様な人々の生き様や価値観、そして家族との絆を見てきました。その中で気づかされるのは、人は誰しもが「強み」と「弱み」を持っているということです。そして、人生の最後に向かうにつれ、多くの人が自分自身と向き合い、その強みや弱みにどう向き合うべきかを見つめ直している姿に感動することが多々あります。

私自身、葬儀ビジネスを通じてさまざまなチャレンジをし、自分の強みを活かしてきた一方で、多くの弱みにも気づかされました。起業当初は、**葬儀という繊細な場面でお客様に心から寄り添うこと**が強みでした。私は、悲しみに暮れるご家族に対して、ただのビジネスではなく、真心を持って対応することを最も大切にしてきました。その姿勢が、多くのお客様から信頼を得ることにつながり、会社の成長へと結びつきました。

しかし、その一方で、ビジネスを拡大していく中で自分の「弱み」が浮き彫りになってきたのです。たとえば、人に任せることが苦手で、**すべてを自分で抱え込んでしまう**こと。これが原因で、スタッフに負担をかけてしまったり、時には会社全体の効率を下げてしまったりすることもありました。自分では一生懸命やっているつもりでも、その姿勢がかえって周りの成長を阻害していたのです。

葬儀の仕事において、直面するのは「死」という避けられない現実です。この現実を目の当たりにすることで、人は自分自身の在り方を改めて見つめ直すきっかけを得ることがあります。私は、自分自身の弱みに気づいたとき、それを否定するのではなく「これもまた自分なんだ」と受け容れることの大切さを学びました。弱みを受け容れることで初めて、「それをどう克服し、強みに変えていくか」という視点を持つことができたのです。

葬儀という仕事は、人々の「生と死」に向き合う非常に特殊な仕事と感じております。しかし、その葬儀の場で見てきたのは、人生の中でどれだけ自分の強みを活かし、弱みを乗り越えてきたかで、人の生き方や価値観が変わっていくということでした。私たちが提供するのは、単なる儀式ではなく、故人の生きてきた証を受け止め、ご家族が故人を尊重し、その方の「ありのまま」を受け容れるための時間なのです。

ビジネスの世界でも同じことが言えます。私たちが本当の意味で成長するためには、自分の強みをさらに伸ばすだけでなく、**自分の弱みを見つめ直し、それを受け容れる**

姿勢が必要だと思うのです。自分を飾らず、ありのままの姿で他人と向き合えるようになり、その結果、他者からの信頼を得ることができるのです。

あるとき、私の会社に若いスタッフが入社しました。彼はとても真面目で一生懸命でしたが、失敗を恐れてなかなか自分を出すことができないタイプでした。その姿を見て、かつての自分と重なる部分がありました。私も若い頃は「失敗したらどうしよう」と考えすぎて、なかなか前に進めなかった経験があります。しかし、そのときに自分の弱さを認め、それを乗り越えることで新しい自分に出会えたのです。

そこで私は、その若いスタッフにこう伝えました。「**失敗は成長のチャンスだ。自分の弱さを認め、それを受け容れることで人は本当の意味で強くなれる**」と。その後、彼は失敗を繰り返しながらも、少しずつ自分を出せるようになり、今では会社の中心となるスタッフに成長しました。葬儀の仕事を通じて学んだことは、人は、「完璧」にはなれないということ。むしろ、不完全であることを認め、その中で自分の強みを活かし、弱みを受け容れる姿勢こそが、人間らしい魅力を引き出すのだと感じています。

人生には、必ずと言っていいほど「壁」にぶつかる瞬間があります。その壁に対して、強みだけで突き進むことも大切ですが、時には弱みを見つめ直し、その壁を越えるための新たな視点を持つことも必要です。そうすることで、私たちは本当の意味で「自分自身」として成長し、周囲の人々にとっても信頼できる存在になれるのではないでしょうか。

皆さんも、ぜひ自分の強みをさらに強くするために、まずは弱みを見つめ直してみてください。そして、その弱さを受け容れることで、ありのままの自分を大切にし、他人に対してもありのままで接することができるようになると思います。

第3章　小さなつみ重ねで大きな達成感を手にする

・イエス・キリストの生き方に学ぶ「達成の哲学」

人生やビジネスにおいて、「自己犠牲」や「奉仕」という言葉は、時に重く感じることがあるかもしれません。でも、この「自己犠牲」には、充実した成果を得るための本質が隠されていると私は感じます。そこで、イエス・キリストの生き方から学ぶ「達成の哲学」について一緒に考えてみましょう。

イエス・キリストの生涯をビジネスやリーダーシップの観点から見ると、驚くほど多くの学びがつまっています。たとえば、彼は自らの命を捧げることで多くの人々を救い、信頼と共感を得ました。**この「自己犠牲」の精神こそが、リーダーとしての真の力を発揮する鍵**だと思うのです。

では、具体的に彼の生き方から何を学べるでしょうか？　まず1つ目のポイントは**「自分よりも他者を優先する」**という姿勢です。イエスは常に自分の利益よりも人々の幸せを優先しました。彼が人々に寄り添い、悩みを聞き、癒しを提供していた姿は、まさに〝**お客様第一主義**〟の究極形とも言えます。たとえば、ビジネスでも利益ばかりを追い求めると、短期的には成果が出ても長続きしません。しかし、自分が相手にどう貢献できるかを考えることで、お客様からの信頼や共感が自然と得られ、長期的な発展へとつながっていくのです。

次に、「低いところから行動する」というイエス・キリストのスタンスも非常に重要です。イエスは決して高い地位や権力を求めることなく、むしろ人々の中に入り、彼らと同じ目線で接しました。現代のビジネスシーンでも、「自分は偉いから」と上から目線で指示を出すだけのスタイルでは、なかなか社員や部下の心を動かすことはできません。しかし、リーダー自らが泥臭く動き、他者を支える姿勢を見せることで、自然と周りがついてきてくれるのです。

たとえば、ある大手企業のトップが、自ら現場に足を運んで社員と一緒に汗を流す姿を見たことがありますか？　その姿は、まさに「イエス・スタイル」です。偉そうに指示を出すだけではなく、自分自身も一緒に汗を流し行動することで、社員たちの心に火をつけ、ヤル気を引き出す力が生まれるのです。これが「仕《つか》えるリーダーシップ」、いわゆるサーバントリーダーシップというものです。

さらにイエス・キリストが示した「**ゆるし**」の姿勢も見逃せません。彼は自分を傷つけた人や裏切った人に対しても、「ゆるし」を与えました。これはビジネスでも同じで、たとえば失敗した部下やミスを犯した同僚を責めるのではなく、その経験を一緒に乗り越えることで、強い絆が生まれるのです。最近の調査でも、社員が安心してミスを報告できる環境を持つ企業は、より高いパフォーマンスを発揮することがわかっています。つまり、ミスや失敗に対して「ゆるし」を示すことで、互いに成長し合う環境が作られるというわけです。

最後に、イエス・キリストの生涯から最も学びたいことは「**一貫性**」です。彼は最初から最後まで「愛」と「奉仕」を貫きました。ビジネスでも一貫性を持ち、「この方は信頼できる」と思ってもらえることが、充実した成果への近道になるのではないでしょうか。特に現代社会では情報が溢れ、信頼を失うのは一瞬です。だからこそ、自分の信念を持ち、それを貫き通すことが大切だと強く感じます。

イエス・キリストのようにすべてを捧げる自己犠牲は、現代に生きる私たちにとって容易なことではないかもしれません。しかし、自分のできる範囲で「仕える心」を持ち続けることが、最終的には自分自身の成長と成果へとつながっていくと私は確信しています。まずは小さなことからでもいいので、相手を思いやる行動を日々の中に取り入れてみましょう。きっと、その小さなつみ重ねが大きな成果へと導いてくれるはずです。

イエスの「自己犠牲」から学べるのは、ただ努力すればいいということではなく、自分自身の心の在り方や他者への愛を忘れないということです。そして、その愛が結果的に大きな達成感を生み出す原動力となるのです。

・怠惰な者は貧しくなる

「ビジネスで成果を挙げるために必要な要素は何ですか？」と問われたら、私は即座に「継続的に学び続けること」と答えます。聖書には「**無精者の手は人を貧乏にし、勤勉な者の手は人を富ます。**」（**箴言《しんげん》10章4節**）という言葉がありますが、これはビジネスだけでなく、人生全体にも当てはまる教訓だと感じます。怠惰であることはなぜマイナスなのか、そして「学び続けること」がどのように確かな成果に結びつくのかをここで一緒に考えてみましょう。

私たちが生きているこの激動の時代、ビジネスの変化はこれまで以上に急速です。

技術の進化、市場のニーズの変化、トレンドの移り変わりに対応するためには、私たち自身も常に学び続け、自己研鑽《けんさん》を怠らないことが必要不可欠です。今日学んだことが明日の発展に直結するとは限りませんが、日々継続して学ぶ姿勢が、確かな未来を築く基盤となります。

たとえば、技術革新のスピードが加速している現代において、AIやデジタルマーケティングの知識はビジネスパーソンにとって欠かせないスキルです。これらの分野での学びを怠ると、他の競争者に後れを取り、チャンスを逃すことにもなりかねません。「怠惰」とは、ただ何もしないというだけではなく、現状に甘んじて新しいことに挑戦しない姿勢も含まれます。学びを止め、変化に背を向けることこそが、真の怠惰だと言えるでしょう。

私が知っている成功者たちを見てみると、共通しているのは「**学び続ける姿勢**」です。彼らは一度成功を手にしても、その成功に安住することなく、次のステップを見据えて常に新しい知識やスキルを身につけています。彼らが成果を手にできる理由は、学びの中から次なる挑戦を見つけ、それを実践に移し続けているからです。

聖書の「怠惰な者は貧しくなる」という教えは、まさにこのことを強調しています。学びを止め、現状に満足し、怠惰に過ごしてしまえば、結果としてビジネスや人生における発展は遠ざかってしまうのです。一方、継続して学び、自分を成長させ続ける人は、時代の波に乗り、新しいチャンスを見逃すことなく、それを自分のものにしていくことができます。

ここで考えたいのは、「学び続ける」とは具体的にどういうことなのでしょうか？単に知識を増やすことだけでは不十分です。ビジネスで実際に成果を得るためには、学んだことをどう実践に結びつけるかが重要です。新しい知識を手に入れるだけではなく、それをどう使い、自分自身を進化させるかが「学びの本質」です。学び続ける人が成果を手にするのは、彼らが**知識をただの情報として終わらせず、実践でそれを活かしているから**なのです。

私自身も常に新しい本を読み、セミナーに参加し、ビジネスの最前線で何が起きているのかをキャッチし続けています。そして、それらの学びを即座にビジネスに取り入れ、試してみる。これが成果をつかむための実践的な「学び方」です。本を読み、セミナーに参加すること自体も大切ですが、それをいかに自分の仕事に役立てるかを常に考え、実行に移す姿勢が不可欠です。

ここで強調したいのは、**成功するための学びは「実践」によって磨かれる**ということです。本を読んだりセミナーに参加したりするだけではなく、学んだことを実際のビジネスにどう活かすかが重要です。しっかり学びインプットする。そして失敗を恐れず学んだことをアウトプットして行動する。学び続ける人が成功するのは、ただ知識を得て終わりではなく、それを実際に実践で試してみて、自分のビジネスにどう応用するかを常に考えているからです。

あなたは今、怠惰な者ですか？　勤勉に学びを怠らず、努力をしている人でしょうか？「怠惰な者は貧しくなる」という聖書の教えは、まさに現代に生きる私たちに向けられたメッセージ。学びを止め、変化を拒むと、ビジネスも人生も停滞してしまいます。しかし、継続的に学び続けることで、私たちは時代の波に乗り、自分自身もビジネスも進化させることができます。だからこそ、怠惰にならず、常に前向きに学び続ける姿勢を持ちましょう。継続的な学びの先には、必ず成功が待っていると私は信じています。

・最初は小さなビジョンでいい

成長を目指す私たちにとって、大きな目標や夢を掲げることは重要ですが、最初からその全貌が見えているわけではありません。むしろ、多くの人が最初に抱くのは小さな信念であり小さな願望です。聖書には「からし種の信仰」という言葉があります。これは極めて小さい信念や思いが、やがて大きな結果をもたらすことを示唆しています。

私も、本当に小さな目標のつみ重ねでした。その小さな目標に向かって、信じて行動を続け、具体的で明確な行動をつみ重ねていくことで、少しずつ目標が現実になっていくことを経験しました。ビジネスを始める際、最初に思い描いたのは「とにかく軌道に乗せる」という小さな信念に過ぎませんでした。それが成長するにつれ、やがて「日本で最大のキリスト教専門葬儀社を目指す」という具体的なビジョンに変わり、それを実現するための行動計画を練ってきたのです。

多くの人が夢を描くとき、その夢が遠すぎて手が届かないと感じることがあるかもしれません。しかし、実際には、夢や目標は、最初は小さくても構わないと思います。「夢は大きくなければ意味がない」と考える方もいますが、私が思うに、重要なのはどんな小さな夢でもビジョンでもいい、それに信念を持ち続け、それを育てていくことが大事。

私がビジネスを始めたとき、もちろん最初から「関東関西展開」などという壮大な夢があったわけではありません。最初のステップは「**目の前の一つの仕事に全力を尽くす**」ということでした。しかし、その小さな一歩をつみ重ねることで、「さらに一件でも多くの方々に弊社のサービスを提供したい」というビジョンに変わっていきました。

ビジネスの成長には、必ずこのような「**小さな信念から始まり、やがて大きなビ**

ジョンに成長する」という過程があります。最初はぼんやりとしていた目標も、少しずつその目標に向け前進していくことにより明確になり、さらに具体的になっていく。「なんとなく成長したい」「なんとなく豊かになりたい」という曖昧な目標では、具体的な行動を起こすことができません。私が強調したいのは、目標を具体化し、それに基づいて行動を取ることの重要性です。目標が具体的であればあるほど、その実現のために何をすべきかが明確になり、行動の結果として得られる成果も具体的になっていきます。

たとえば、ラーメン屋さんで成長を目指すとき、「地域一番のラーメン屋になる」という漠然とした目標ではなく、「今月中に新しい顧客を何件獲得する」とか「どうすれば顧客からGoogle Mapの評価を月20件もらうことができるのか」といった具体的なビジョンを持つことで、行動が変わります。そしてその行動が結果に結びつきます。

具体的なビジョンを描くことで、達成感も味わうことができます。地域での認知度が上がり、お客様からの信頼を得られたとき、目に見える結果としてビジョンが現実化していくのを感じます。それがモチベーションを高め、次の成長のステップにつながるのです。

信念を持ち、具体的なビジョンを描いた後は、いよいよそれを実現するための行動計画を立てることが重要です。成長の鍵は、実践的な行動です。日々の行動を計画し、何をすべきかを細かくリストアップし、それを実行に移していく。ここで重要なのは、一気にすべてを成し遂げようとせず、小さなステップに分けて取り組むことです。


顧客を獲得するという目標があった場合、まずはそのためにどのようなマーケティングが必要か、どのエリアに重点を置くかを考えます。そして、それに基づいた行動を毎日続けていきます。小さな行動をつみ重ねることで、大きな結果が生まれます。

行動計画は、ただ頭の中で考えるだけではなく、**紙に書き出して毎日確認する**ことをおすすめします。私も実際に手帳に目標を書き出し、毎日それを確認する習慣を実践しています。それによって、常に自分がどこに向かっているのか、何をすべきかが明確になります。

そして最も重要なのは「継続」です。ビジョンを描き、行動計画を立てたとしても、一度や二度の挑戦で思うような結果が出ないとすぐに諦める人がいます。「諦めないで！」と私は声を大にして伝えたい。諦めずに、何度も挑戦し続けるその先に、成長が待っているのです。ビジネスも人生も何度も壁にぶつかります。時には失敗を経験します。それでも信念を持ち続け、行動する。その歩みをつみ重ねた結果、少しずつ小さな成長を手に入れることができるのです。何事も、一朝一夕で成し遂げることは難しい。でも**信じて続けることが結果につながる**のです。

私たちの人生やビジネスにおいて、成長は小さな信念から始まります。しかし、その信念を具体的なビジョンに変え、行動計画を立てて着実に進めていくことで、大きな結果を得ることができます。成長への道は、「信念」「ビジョン」「行動」そして「継続の力」の実践で必ず開かれていくと確信しています。

・目標達成のコツ

目標を立てるという行為は、大変ワクワクします。目標を達成した未来の自分がどんな姿になっているのか、成長した先の喜びを思い描くことにより、ヤル気も生まれます。でも、当たり前のことですが、目標を立てるだけでは夢は実現しません。大事なのはその目標に向かっての「本気の行動」。しかし、単に「行動しなければ」と気合いを入れるだけでは持続できない現実も待っています。そこで、ここでは「感情」と「環境」に注目して、どうすれば本気で行動し、目標を達成できるかを考えていきます。

1．**感情が行動を支える**

感情は、私たちの行動に大きく影響を与えます。ポジティブな感情は行動を促進し、ネガティブな感情は行動を阻害します。だからこそ、目標達成には自分の感情を上手に活用することが大事です。では、どうやって感情を味方にすればいいのでしょうか？

たとえば、**目標を達成したときの「喜び」を先に想像する**。「目標をクリアしたら、どんなに嬉しいだろうか？」と具体的にイメージする。それだけで気持ちは前向きになり「行動しよう！」というエネルギーが自然に湧いてきます。

この感情を日々活用するために、私は「**喜び日記**」をつけることをおすすめします。

毎日小さな目標でも達成できたことを記録し、それが自分にとってどんな喜びだったかを書き出す。たとえ「今日は1つしか進まなかった」と思っても、それを「今日は確実に一歩前進した」とポジティブに変換して書く。日々の小さな喜びをつみ重ねることで、感情のポジティブな力が持続し、目標に向かって行動しやすくなります。

2．**環境を整える**

次に重要なのは「**環境**」です。どんなに強い目標を持っていても、環境がそれに適していないと行動は鈍くなります。逆に、環境が整えば行動はぐっと楽になります。たとえば、目標が体を鍛えることであれば、ジムに通いやすい環境を整えることが大切ですし、読書や資格取得が目標なら、静かで集中しやすい場所を作ることが重要です。

私も、書籍の執筆や新しいビジネスのアイデアを練るときは、自分の「環境」を見直します。ちなみに、私には、スターバックスカフェが集中できる最高の環境です。この原稿も、絶賛スタバで執筆中です。

また、「**誰といるか**」というのも環境の一部です。目標達成に向けて本気で動く仲間やメンター（指導者）が周りにいると、自然と自分もその流れに乗ることができます。本気の熱量は確実に伝達します。私自身も、執筆仲間やビジネス仲間を選ぶ際は、本気で頑張っている熱量が高い人たちと交流するように意識しています。どこの環境に自分を置くかは、とても重要です。

3．**失敗から学ぶ**

失敗は確かに怖いです。目標を立てたのに、なかなか一歩踏み出せない。そんなとき、「失敗を恐れるな」というアドバイスはよく聞きますが、実際に行動に移すのは難しいですよね。そこで、失敗そのものに対する考え方を変えるのもポイントです。成功者の多くは、失敗を恐れずに行動し続けた結果、今の地位を手に入れています。失敗を「ダメなこと」と捉えるのではなく、「**次につながるステップ**」として受け止めましょう。

私も、何度も壁にぶつかりながらビジネスを進めてきましたが、そのたびに学びと改善を重ねてきました。ここで重要なのは、失敗してもすぐに立ち直る「リバウンド力」。失敗したらその原因を分析し、次につなげる。小さな失敗も大きな失敗も、それを恐れずに前向きに取り組んでいくことで、次第に成長への道が見えてきます。

4．継続こそが力になる

何事も継続することが鍵です。一度行動に移しても、それが続かなければ目標達成は遠のくばかり。しかし、継続的に行動することで、その結果は着実につみ上がります。人は早急に成果を求めがちですが、目標達成には一定の時間と努力が必要です。ここで「**習慣化**」が大きな力になります。たとえば、毎朝15分だけでも目標に向けた行動を続けることで、それが習慣となり、いつの間にか大きな成果につながっていきます。最初は小さな一歩でいいのです。大切なのは、その行動を継続することです。

目標を達成するために必要なのは、「本気の行動」と「継続的な努力」です。しかし、ただ行動するだけでは続きません。感情を味方につけ、環境を整えることで、行動しやすくなります。そして、失敗を恐れずに挑戦し続けることで、次第に結果が見えてきます。

目標に向かって本気で動き出し、少しずつでも行動をつみ重ねていく。そうすることで、未来は確実に変わっていきます。今こそ、本気の行動を起こし、目標達成の道を切り開いていきましょう！

・小さなことに忠実な人は、大きなことにも忠実

ビジネスの世界では、短期的な成果と長期的な目標のバランスが非常に重要です。どちらか一方に偏ると、全体像を見失ったり、目の前の成果を逃したりする可能性があります。短期的な成果だけを追い求めると、一時的な満足に終わってしまいがちです。一方で、長期的な目標に集中しすぎると、日々の小さなステップをおろそかにし、結果として前進が滞ることもあるでしょう。大切なのは、短期的な成果をつみ重ねながら、同時に長期的な目標に向かって確実に歩みを進めることです。

まず、短期的な成果をつみ重ねることが重要な理由について考えてみます。よく言われることですが、「大きな成果は一日にして成らず」という言葉が示すように、大きな目標達成を夢見る人は多くいますが、それを実現する人は限られています。その

違いは何かというと、**目の前の小さな成果をつみ重ねることができるかどうか**です。

たとえば、「年収を１０００万円にする」という目標を掲げたとしても、すぐにその金額を達成するのは難しいでしょう。しかし、今月どれだけの成果を挙げるのか、あるいはどのスキルを向上させるのかといった短期的な目標を設定し、それを１つ１つクリアしていくことで、次第に大きな目標に近づいていくことができます。小さな成果をつみ重ねることで、自信やモチベーションが育ち、さらに大きな挑戦に向かうエネルギーが湧いてくるのです。

次に、短期的な成果と長期的なビジョンのバランスを取るためには、常に両者を意識しながら行動することが必要です。短期的な目標を達成したら、その結果が長期的な目標にどう結びついているのかを確認しましょう。たとえば、会社の売上を今月伸ばすことができても、その結果が長期的に目指す年商目標にどう貢献しているのかを振り返ることが大切です。もし方向性がずれていると感じたら、その都度修正を加えていくことで、最終的には大きな成果へとつながっていきます。

また、日常の小さな進展を達成と認識する力も重要です。短期的な成果とは、必ずしも大きなものや派手な結果を意味するわけではありません。むしろ、小さな進展や日々の努力を成果として認識できるかどうかが、成功への鍵となります。たとえば、早起きをして勉強の時間を確保するとか、日常の作業を少し効率化するなど、こうした小さなステップを「ただの習慣」としてではなく、「**達成のつみ重ね**」として捉えられるかが重要です。これができれば、日々の進展がやがて大きな目標につながっていることに気づくことができるでしょう。

長期的な目標を持ちながら短期的な成果をつみ上げることで、着実に前進することが可能です。私自身も、ビジネスを始めた当初は短期的な売上にばかり目を向けていましたが、それだけではビジネスを長く続けることができないと気づきました。そのため、「**自分のビジョンを明確にし、長期的にどのような目標を達成したいか**」を考え、日々の行動をそのビジョンに沿わせることを意識するようにしました。

未来を見据えながらも、日々の小さなステップに全力を尽くすことが、最も確実な成果を得る道です。長期的な目標を見据えつつも、「今この瞬間」に最善を尽くすことが重要です。目の前の小さな目標を達成し、それを次の大きなステップにつなげていくことで、やがて大きな達成感を得ることができるのです。

聖書にも「**小さい事に忠実な人は、大きい事にも忠実であり、小さい事に不忠実な人は、大きい事にも不忠実です。**」（**ルカの福音書《ふくいんしょ》16章10節**）という言葉があります。ビジネスにおいても、まずは目の前の小さな目標をクリアし、そのつみ重ねを大切にすることで、やがて大きな成果へとつながるという教えです。目の前のチャンスを1つ1つ丁寧《ていねい》につかみ取りながら、長期的なビジョンを忘れずに進んでいきましょう。

成果への道は、日々の小さな一歩から始まります。その一歩一歩が、やがて大きな達成感を得るための基盤となるのです。

・小さな成功のつみ重ねが、大きな成功につながる

ビジネスや人生において、大きな成長を夢見ている人はたくさんいるでしょう。だからこそビジネス書や自己啓発書をしっかり読み自分を成長させていく。大事なことだと思います。しかし、その力強い結果に到達するためには、やはり小さな一歩一歩をつみ重ねることが必要です。いきなり大成功をつかむという夢物語は、実際には難しい現実です。そんな幻想にとらわれるより、まずは目の前の小さな成果をコツコツとつみ上げることが大切です。

あなたが「事業を成長させたい・加速させたい」と願うのは素晴らしいことです。でも、その願いを実現するためには、日々のつみ重ねが必要不可欠です。どれだけ小さな勝利をつみ上げてきたかが、本当の価値ある結果を左右します。**100個の小さな目標達成をコツコツつみ重ねることが、大きな成果につながっていく**のです。多くの人が、大きな目標やゴールにばかり目を奪われがちです。もちろん、遠くのゴール

を見据えることも大切です。しかし、実際に成功に向かって前進するためには、まずは目の前の「小さな勝利」にフォーカスしなければなりません。毎日少しでも進歩していることを感じられると、自然とモチベーションが持続します。

たとえば、「毎日15分早く起きて、その時間を自己研鑽に使う」といった小さな習慣も、つみ重ねれば大きな違いを生み出します。また「毎日1つ新しいことを学ぶ」や「お客様から〝ありがとう〟の言葉を1つもらう」などの小さな成功も、見た目には小さくても、確実に大きな成果につながっていきます。

私がビジネスを始めた当初は本当に地味で目立たない仕事が多かったです。営業のための資料を必死に手作りで作成し、一軒、一軒、足を使って営業に向かうものの断られることばかりの日々でした。毎日が挑戦の連続でしたが、それでも小さな成功をつみ重ねるたびに、自分の中に自信が芽生えていくのを感じました。そして、その行動を1年2年3年と続けていく継続の先に、ゆっくりとビジネスがうまく回り始め、大きな成果が得られる瞬間が訪れたのです。

前の項目でもお伝えしましたが聖書に「小さな事に忠実であれ」という教えがあります。『**ルカの福音書**』**16章10節**では「**小さい事に忠実な人は、大きい事にも忠実であり、小さい事に不忠実な人は、大きい事にも不忠実です。**」と語られています。この言葉の意味は、日常の小さな事でも忠実に取り組むことが、最終的に大きな事を任されるような成長につながるということです。小さな成功をつみ重ねていくことで、やがて大きな夢や目標を達成する土台《どだい》が築かれるのです。

目標を立てるときには、ゴールだけを設定するのではなく、その過程での「**小さな勝利**」**を具体的に書き出してみましょう**。たとえば、毎月1つ新しいスキルを学ぶ、新規顧客を獲得するなど、具体的で達成可能な目標を立て、それを1つ1つクリアするたびに自分を褒《ほ》めてあげる。この繰り返しの行為が自分を強くしていくのです。私も日々の小さな勝利を大切にしてきました。ビジネスでは、時に大きな結果がすぐに見えないことがあります。しかし、小さなステップをつみ上げていけば、ふと気づいたときに、自分がかなり前に進んでいることに驚かされるものです。

「屁《へ》の突っ張りにもならない」と感じるような小さな行動も、実は成長への重要な一歩につながるのです。大きな成功を夢見るのは素晴らしいことですが、それを達成するためには、毎日の小さな勝利のつみ重ねが必要です。このつみ重ねこそが、成長成功の秘訣です。

目標達成のために重要なのは、「小さな勝利」をつみ上げ続けることです。何か1つでも良い方向に進んでいるという実感が得られれば、それが自信となり、次のステップに進むエネルギーとなります。だからこそ、日々の努力をつみ重ね、小さな勝利を大切にしていきましょう。そのつみ重ねが、やがて大きな成功へとつながっていくのです。

最後に、聖書の言葉をもう一度思い出してみてください。「小さな事に忠実であれば、大きなことにも忠実である」という教えは、成功を目指すすべての人にとって重要なメッセージ。あなたが日々取り組んでいる小さなことが、やがて大きな目標を達成するための基盤となるのです。

・試練に立ち向かえば、必ず道は開ける

私の学生時代を少しだけ振り返らせてください。だいぶ昔の記憶になりますが、私は、受験に失敗した思い出があります。今振り返ってみると、あのときの失敗が私の人生における最初の大きな試練であり、そこで得た教訓が今の私を支えているのだと思います。

学生時代、私は決して目立つ存在ではありませんでした。特に学業の成績は振るわず、どちらかと言えば落ちこぼれのほうでした。周りの友人たちがどんどん成績を上げ、部活動でも活躍している姿を見て、自分がどれほど劣っているかを痛感する日々でした。学校に行くのも億劫《おっくう》で、何をしてもうまくいかないという自己嫌悪に陥っていた時期がありました。

特に印象に残っているのは、受験のときのことです。頑張って勉強したつもりでし

たが、結果は惨憺《さんたん》たるものでした。友人たちがそれぞれの進む先に合格し意気揚々としている中、自分だけがそれに届かず、深い挫折感に打ちひしがれました。「なんで自分はこんな状況になってしまったんだ」「もう何をやっても無理なんじゃないか」と、本当にそのときは自分を全否定したくなるような気持ちでいっぱいでした。

そのとき、ふと思い出したのが、祖父が言っていた言葉でした。「**人生には必ず試練が訪れる。逃げることもできるが、逃げずに立ち向かえば、必ず道は開ける**」という言葉です。祖父はクリスチャンで、聖書の教えをよく私に話してくれました。中でも印象に残っていたのが、この聖書の言葉です。

「**恐れるな。わたしはあなたとともにいる。たじろぐな。わたしがあなたの神だから。わたしはあなたを強め、あなたを助け、わたしの義の右の手で、あなたを守る。**」（**イザヤ書41章10節**）

この言葉を思い出したとき、何かが自分の中で変わった気がしました。挫折して苦しいと感じる自分をそのまま受け容《い》れ、それでも逃げずにもう一度やってみようと決断することができました。

その後、私は一からやり直す決意をしました。勉強が苦手で、何度も失敗してきた自分に対して、まず小さな目標を立てました。それは「今日1時間だけ集中して勉強する」という本当に小さなことです。これを毎日続けようと決め、他人と比較することをやめて、ただ自分のペースでやることに専念しました。

最初はうまくいきませんでしたが、少しずつ成績が上がり始め、気がつけば以前よりも自信を持って学ぶことができるようになりました。それは大きな進展ではなく、ほんの小さな一歩でしたが、そのつみ重ねが自分にとっては大きな変化をもたらしました。

友人たちと同じペースで進む必要はない、自分にできる範囲で努力すればいいのだと気づいたことで、心の負担が軽くなり、その結果、成績も少しずつ向上し、新たなスタートを切ることができました。あのとき、もし試練に立ち向かうことを諦め卑屈になり、後ろ向きの生き方を選んでいたら、今の自分はなかったかもしれません。

人生には必ず逆境や闘いが訪れます。学生時代の私は、**その時々の試練から逃げずに立ち向かい、自分なりの小さな成長をつみ重ねることで、大きく成長することができました。**そして、その経験が今の私のビジネスや人生においても生きています。

あのとき感じた「無理だ、もうダメだ」という感情も、今振り返ると、自分を鍛えるために必要だったのだと思います。挫折感や失敗は確かにつらいものですが、それを乗り越えた先には、必ず新しい道が開けるものです。そして、その道の先にある成長は、一時的なものではなく、永遠に続くものになるのです。

試練の先にある成長を信じ、少しずつでも進んでいく。そのつみ重ねが、やがて大きな成果につながるのだと今でも信じています。あのときの私にとって、祖父の言葉と聖書の教えが支えでした。今でも、人生における試練に直面するたびに、この教えを思い出しながら歩んでいます。

・集中力を高める方法

目標を達成するためには、集中力を高め、それを持続させることが非常に重要です。特にビジネスや自己成長の場面では、一時的な集中力だけでなく、持続的に取り組み続ける力が必要です。ここは、最新の科学的なテクニックを参考に、集中力を高める方法とその持続力を保つためのヒントを紹介します。

1．「ポモドーロ・テクニック」で集中を効率化

ポモドーロ・テクニックは、短時間集中し、その後に短い休憩を挟むことで、効率よく作業を進める方法です。この方法では、25分の作業と5分の休憩を1セットとし、4セットごとに15~30分の長めの休憩を取ります。このリズムが脳の疲労を防ぎ、長時間でも高い集中力を保つことができると言われています。このテクニックのポイントは、集中力が途切れる前に短い休憩を挟むことで、脳がリフレッシュしやすくなる点です。25分の短い時間に一気に集中し、その後にリフレッシュすることで、仕事や

学習に対するモチベーションを持続させることができます。ビジネスにおいても、適度な休憩を挟むことで長時間の会議やプレゼンに対する集中力を保つことが可能です。

2.「フォーカス・トレーニング」で集中力を鍛える

集中力を鍛える方法として、フォーカス・トレーニングが注目されています。これは、特定の時間帯に1つの作業だけに集中する練習を行う方法です。たとえば、スマートフォンを遠ざけ、環境音や邪魔を最小限に抑え、特定のタスクに集中する時間を一日数回設定します。短時間から始め、徐々に時間を延ばしていくことで、集中力を鍛えることができます。このトレーニングは、現代の多くの刺激に溢れた環境において、特に効果的です。ＳＮＳやメールの通知、周囲の雑音など、私たちは集中力を奪われる要因に常に囲まれています。意識的にそれらを排除し、１つのことに集中する時間を持つことで、集中力が向上し、タスクの完遂率も上がります。

3.「深呼吸」と「瞑想」の力

最近の研究では、深呼吸や瞑想が集中力を高め、ストレスを軽減する効果があることが確認されています。特に深呼吸は、自律神経を整え、リラックス状態を作り出すため、緊張した場面でも落ち着いた集中力を維持するのに役立ちます。また、短時間の瞑想は心をクリアにし、頭の中の雑念を取り除く効果があります。瞑想は、心を鎮め、感情をコントロールすることができます。5分でも10分でも、毎日のルーティンに瞑想を取り入れることで、頭の中の雑音が減り、目の前のタスクに集中できるようになります。特にビジネスの忙しい環境では、瞬時に集中力を回復させる方法として深呼吸や瞑想を取り入れると効果的です。

4.「フロー状態」に入るための環境づくり

心理学者ミハイ・チクセントミハイの研究で知られる「フロー状態」は、最も集中し、生産性が高まる状態のことを指します。この状態に入るためには、まず自分の能力と課題の難易度が適度に釣り合っている必要があります。難しすぎるタスクや、逆に簡単すぎるタスクでは集中力が長続きしません。自分にとってちょうど良いチャレンジを設定し、適度な緊張感を持つことが、フロー状態に入るための条件です。また、環境も重要です。静かで快適な作業環境を整えることや、余計な情報を遮断することも、フロー状態に入る助けとなります。音楽を聴く場合は、歌詞のないBGMや自然音など、集中力を妨げないものを選ぶと良いでしょう。

5．「持続力を高めるための習慣化」

持続力を保つためには、日々の習慣が重要です。目標に向かって努力を続けるためには、少しずつでも毎日続ける習慣を作ることがポイントです。たとえば、「毎朝30分だけ本を読む」「一日に1つのスキルを学ぶ」など、小さな目標を設定し、それを繰り返すことで、持続的に集中力を保つことができます。また短期的な目標を設定し、それを達成するたびに自分を褒めることで、長期的な目標に対する意欲も高まります。

6．聖書の知恵と持続力

聖書には、「**勤勉な者の手は人を富ます。**」（**箴言10章4節**）という言葉があります。この言葉は、日々の小さな努力が、やがて大きな実りをもたらすという教えです。ビジネスや人生においても、目の前の小さなタスクに誠実に取り組むことが、成功につながるということを示しています。

結局のところ、ビジネスも人生も、大きな成功は「一歩一歩」の努力のつみ重ねでしかありません。どんなに小さなことでも、それをつみ重ねていけば、やがて大きな成果につながります。そのためには、集中力を高めるテクニックを活用し、持続力を養う習慣を大切にすることが重要です。そして、何よりも「継続は力なり」というシンプルな原則を、心に刻んで歩んでいきましょう。

・深みに漕ぎ出す勇気

人生は、1つの目標を達成したところで終わりではありません。むしろ、何かを成し遂げたその瞬間から、新たな挑戦が始まります。ビジネスも、人生も、「ここまでやったからもう十分だ」という気持ちになった瞬間に成長は止まり、惰性に陥ってしまいます。だからこそ、達成後こそが本当のスタート地点と言えるのではないでしょうか。結果を手にした後にこそ、次のステップ、さらなる「高み」や「深み」を目指して進んでいく必要があるのです。

『ルカの福音書』5章4節にこんな話があります。この場面では、漁師たちが一晩中苦労しても1匹の魚も捕れなかったとき、イエスが「**深みに漕**《こ》**ぎ出して、網をおろして魚をとりなさい**」と指示します。彼らは疲れ果て、心も折れかけていましたが、それでもイエスの言葉に従って網をおろすと、信じられないほど大量の魚が網にかかりました。

この話は、私たちにも大きな教訓を与えてくれます。人生やビジネスで一度成果を味わったからといって、そこで満足してしまうと、本当に大きな可能性を逃してしまうかもしれません。成果を手にした後こそ、「深みに漕ぎ出す」勇気が求められるのです。深みに挑戦することで、まだ見ぬ新しいチャンスや成長が待っているからです。

私たちは、目標を達成したとき、つい「ゴールに到達した！」と安心し切ってしまう傾向があります。私自身も、一人起業からスタートし、年商が目標としていた額を超えたとき、「もうここでいいんじゃないか？」と自分に問いかけたことがあります。

しかし、そのときに思い出したのが、この「深みに漕ぎ出して」という言葉でした。

「深み」とは、未知の領域を意味します。すでに手にした成果や安定した状況の中にいると、どうしてもリスクを避け、未知の世界に足を踏み入れることを恐れてしまいます。しかし、そこにこそ新しい可能性が隠れているのです。安定や現状に満足するのではなく、あえて不安定な「深み」に挑戦することで、思いもよらなかった達成感や成長が待っています。たとえば、私がキリスト教専門の葬儀社を立ち上げたときも、それはまったく新しい挑戦でした。それまでの経験や常識にとらわれずに、「深み」に漕ぎ出す決意をしたことで、現在の結果を手にすることができたのです。

多くの人は、一度成果を手にすると、その安定を守りたくなります。「もうこれ以上のリスクは取りたくない」と思ってしまうのです。しかし、ビジネスの世界も、人生も、成長が止まった瞬間に衰退が始まります。だからこそ、たとえ結果を得ても、そこで終わりにせず、さらに「深み」に進む勇気が必要です。実際、イエス・キリストが言った「深みに漕ぎ出して」という言葉には、単なる物理的な深さだけでなく、精神的な深さや未知への挑戦という意味が込められていると感じます。安全な場所にとどまらず、自分が予期しない挑戦に踏み込むことで、その先には予想を超える達成感が待っているのです。

成果を手にした後こそ、また新たな挑戦をする必要があります。それが、さらに自分を成長させ、さらなる達成へと導いてくれます。ビジネスでも人生でも、「これで終わり」と思う瞬間が訪れるかもしれません。しかし、そのときこそ、「深みに漕ぎ出す」タイミングだと心得てください。次の高み、さらなる成長は、未知の深みの中にこそあるのです。

では、どうやってその「深み」に挑むのでしょうか。私が常に意識しているのは、目標を一つ一つ具体的に立て、それを達成し続けることです。たとえば、「今年は売上○○億円にする」という目標を立てたとします。それを達成したら、次の目標をさらに深みに漕ぎ出すようにハードルを上げ「○△億円にする」と設定します。目標を達成するたびに、そこで安住するのではなく、さらなる高みそして深みへと進んでいく、その連続の「小さな勝利」のつみ重ねが力強い結果につながっていくと感じています。

私たちの人生は、終わりのないマラソンのようなものです。たとえ一度ゴールを迎えたとしても、その後にはまた新しいレースが始まります。だからこそ、達成した後も、常に次の高みを目指して前進し続けることが重要なのです。

「人生は走り続ける」という言葉を心に留め、常に「深みに漕ぎ出して」次の挑戦に臨む。その先には、きっとさらに大きな達成感が待っているはずです。

・10年後の自分に感謝されるために

私たちは「今」を生きていますが、実は今の自分は過去のつみ重ねの結果の自分です。10年前の自分が、今日の自分を作り上げているというわけです。だから、「今」を頑張らないと未来の自分が困ってしまう。これって少しプレッシャーに感じるかもしれませんが、視点を変えて、今日からでも少しずつつみ重ねていけば、未来の自分が楽になり成長につながると考えてみたらどうでしょう。自分の行動は確実に変わっていきます。

私は若い頃、「目標」とか「習慣」とか、あまり深く考えずにただ日々をこなしている時期がありました。でもある日、ふと気づいたのです。「このままじゃ10年後もさほど成長していないんじゃないか？」と。それから少しずつ、学びや時間の活用に意識して小さな行動をつみ重ねていくようになりました。

未来の自分を想像してみるのは効果的です。私も若い頃、10年後の自分を思い描いてみました。「そのときにはビジネスが安定していて、スタッフも増えていて、誰かにとって頼りになる存在になっていたいな」と考えていました。そこで気づいたのが、**「今を変えないと10年後も同じままじゃないか？」**ということ。そこで始めたのが、毎日の小さな行動のつみ重ねです。たとえば、毎月１冊の本を読み、新しい知識を吸収する。これを繰り返すうちに、だんだんと自分が成長していることに気づきました。

どんなに小さなことでも続けていれば、それが習慣となり、つみ重ねがやがて大きな成果を生み出します。

習慣の力を活かすのは、本当に大きな成長につながります。最初は小さな習慣でも、毎日続けることにより確実に変化が出てきます。私はスキマ時間活用のオタクです。朝のトイレ、シャワーの時間、犬の散歩、通勤時間等々、それぞれの時間は3分から5分程度、長くても20分。このスキマ時間のトータルは一日で2時間近くはあります。この時間を私は、いつもポッドキャストやYouTubeでビジネスや自己啓発の番組から学びを得ています。この小さなつみ重ねが少なく見積もっても年間365時間のスキマ勉強になるのです。これを私は、20年近く続けています。この地道な行為が自分の成長の基盤になり、ビジネスにも大きく役立っています。

聖書の中にも「**何をするにも、人に対してではなく、主に対してするように、心からしなさい。**」(**コロサイ人への手紙3章23節**)という言葉があります。どんな小さなことでも、真剣に取り組む姿勢が大切です。たとえその日々のつみ重ねが小さなものであっても、それが未来の大きな成長に確実につながります。

「今の自分は、10年前の自分がつみ上げた結果」という考え方は、そんな先の事と思いがちですが、いえいえ10年、光陰矢の如し、月日は、あっと言う間に過ぎていきます。言い換えれば、今日何もしなければ、10年後の自分も同じく何もしていない可能性が高い。だからこそ、今日の小さな一歩を大切にする必要があるのです。

10年後の自分が、今の自分に感謝する日が必ず来ます。そしてそのとき、「あのときやっておいて良かった」と心から思えるでしょう。だからこそ、今を全力で生き、笑顔とともに小さな一歩をつみ重ねていくことが、最高の未来につながるのです。

第4章　失敗を成功に変える秘訣

・患難さえも喜ぶ

挫折という言葉は、どうしてもネガティブな響きがあります。誰だって挫折したくはありませんし、失敗を経験することは気持ちのいいことではありません。しかし、生きていく上で、避けられない「挫折の瞬間」は必ず訪れます。その挫折をどう受け止めるかが、その後の私たちの成長を左右します。ここで大事なのは、挫折そのものを「挫折」として捉えないこと。むしろ、それを**次への「ステップ」**として受け容《い》れることが、成長への鍵だと思っています。

私自身、これまでのビジネスの中で何度も壁にぶつかり、思い通りにいかない時期を経験してきました。特に大変だった記憶は、一人で始めたビジネス。なんでもすべて自分の責任で行動しなければなりません。営業に行っても門前払いされ、まったく相手にされなかったことが何度もありました。そのとき、正直、心が折れそうになることもありました。

しかし、そこで諦めてしまったら、本当の意味での「挫折」になってしまいます。大事なのは、その挫折を次にどう活かすかです。あるとき、私は自分自身にこう言い聞かせました。**「これは挫折じゃない。この壁があるからこそ次に進むんだ。」この考え方に切り替えた瞬間、すべてに前向きになれました。**それまで失敗に感じていたことも、学びの一部として受け容れることができるようになったのです。

こうして、「失敗」は「次へのステップ」に変わっていきました。失敗とすればそこで終わりです。失敗とせず、次のステップのチャンスと考える。物事は考え方次第。たとえば、営業で何度も断られた経験を通じて、チャンスと捉え、話し方やアプローチの方法を改善する。その結果、次第に少しずつ興味を持ってもらえるようになり、やがて私のビジネスも成長を始めました。このように、「失敗」と思えることを「次のステップ」として受け容れたからこそ、結果的に良い方向に進むことができたのです。

聖書にも「**そればかりではなく、患難さえも喜んでいます。」（ローマ人への手紙5章3節）**という言葉があります。この言葉の通り、挫折や困難はそれを乗り越えることで、より強い自分を作り、希望を持つことができます。**困難に直面したとき、それを挫折と呼ぶか、ステップと捉えるか。その選択が未来を決めるのです。**

「挫折」を「ステップ」として捉えるためには、日々のメンタルの強化が不可欠です。私が実践しているメンタル強化の1つが、ジョギングです。たかが3キロや5キロのジョギングかもしれませんが、これが案外つらいです。特に仕事で疲れているときや、寒い日なんかは、正直サボりたくなることもあります。しかし、これを続けていくと体力がつくだけでなく、メンタルが強くなっていくのを実感できます。ジョギングを通して、少しつらいなと思うことに挑戦することで、心も体も強くなっていくのです。
ビジネスもこれと同じです。毎日の小さな挑戦を続けることで、メンタルはどんどん強くなります。挫折を挫折と思わないメンタルは、日々の小さな挑戦から作られるのです。

もう１つ私が取り入れているのが、ジムでの筋トレです。筋トレも、最初はしんどいですし、続けるのがつらくなるときがあります。しかし、これも挫折と同じように「次へのステップ」として取り組むことで、少しずつ筋力がついていきます。筋トレはビジネスや人生における試練に似ています。重い負荷に耐えることで、筋肉がついて強くなるのと同じように、試練に耐えることでメンタルが鍛えられ、成長していくのです。

だからこそ、試練が訪れたときには「これは成長のためのトレーニングだ」と捉えることが大切です。そのつらさや負荷に耐えることができれば、その先に必ず強くなっている自分が待っています。結局、人生やビジネスにおいては、挫折そのものが成長への通過点ではないでしょうか。

大きな成長を手にする人は、必ずどこかで挫折や失敗を経験しています。**それを「失敗」や「挫折」として終わらせるのではなく、「次のステップ」として捉えて、そこから学び、成長していく人こそが、真の成功者です**。今、挫折や困難に直面している人に伝えたい。どうか、それを「次へのステップ」として前向きに受け止めてほしい。それができれば、必ず次の扉が開かれ、より高いレベルに成長できるはずです。

挫折を恐れずに、むしろそれを歓迎し、次への成長の糧にする。この考え方を持つことで、どんな困難も乗り越えていけると私は確信しています。

・失敗こそ成長のステップ

ビジネスでは、一度の失敗が大きな損失につながることもあります。しかし、聖書は失敗を「終わり」ではなく「**学びの始まり**」として捉えます。旧約聖書に登場する多くの人物たちも、失敗を経験し、それを通じて神の導きを得、より賢明な選択をしてきました。たとえば、旧約聖書に登場してくるイスラエルの王ダビデは、優れた指導者でありながら、多くの過ちを犯しました。しかし、彼は、失敗を素直に認め、その失敗から学び続けました。『**詩篇**』には、ダビデが自身の罪を悔い改め、神にゆるしを求める姿が多く描かれています。この姿勢こそ、私たちが失敗から学ぶべき「賢者の知恵」と言えるでしょう。

私のビジネスも失敗の連続です。起業したての頃、それまで家業の語学学校部門の経営責任者として、手腕を発揮してきたプライドと自信がありました。葬儀会社を一人起業からスタートし、自分の経験と実績があれば即、成功していくという自信がありました。そして、意気揚々とビジネスを始め、順調に進んでいると安心していました。このまま事業計画通りにいけば安泰だと高をくくっていたのです。しかし、出だしは順調かと思っていた半年後、仕事の依頼がピタッと止まったのです。１カ月２カ月と、あれこれ必死に営業に明け暮れました。現実は、思うように顧客は増えず、仕事の依頼が入りません。通帳の残高もわずかとなり、自分のビジネスセンスを疑い自己嫌悪に陥り、もうダメだと本気で失敗かと自分を責めた記憶が蘇ります。

そのとき、『詩篇』のダビデの言葉を思い出しました。「**たとい、死の陰《かげ》の谷を歩くことがあっても、私はわざわいを恐れません。あなたが私とともにおられますから。あなたのむちとあなたの杖、それが私の慰めです。**」（**23篇4節**）この言葉から、私はまず「この現状から何を学ぶべきなのか」と、失敗の現実だけに目を向けるのではなく、神から与えられた試練として前向きに捉える努力をしました。今一度、聖書を開き、読み返す中で、自分の驕《おご》りや焦りに気づき、初心に帰り営業戦略をブラッシュアップし、もう一度、一から気持ちを入れ替え、行動することにシフトしました。

神が味方であるならば、必ず道が開ける、**この現状は死の陰の谷を歩くような状況ではなく、成功へ続く過程なのだ**と気持ちを奮い起こし、再び全力で営業展開をしていきました。

具体的には、ありきたりの営業をするのではなく、終活セミナー開催を軸に、もっと顧客一人ひとりとリアルでつながる営業展開に切り替えたのです。その結果、セミナー展開がヒットし、セミナーからの会員がどんどん増え、道が開いていき、事業は軌道に乗り始めたのです。

また、新約聖書には、失敗から学ぶことの大切さを教えるたくさんのエピソードがあります。特に、ペテロの物語はその代表例でしょう。ペテロは、イエス・キリストの弟子でありながら、イエスが捕らえられたときに3度も「彼を知らない」と否認してしまいました。その後、彼は自分の弱さと向き合い、悔い改め、キリスト教の初期のリーダーとして成長していきます。このように、聖書は私たちに「失敗から立ち上がり、より強く、より賢く生きる」ための具体的なモデルを示してくれています。失敗したときに大切なのは、その失敗を失敗で終わらせるのではなく、しっかりと向き合い、自分自身を見つめ直すことです。そして、失敗を乗り越えるための「賢者の知恵」を求めて聖書を読むことで、自分の中にある新たな可能性や次へのヒントを見つけることが大切なのです。

ビジネスが軌道に乗り始め、スタッフが増え始めたときに、新たな試練が訪れました。葬儀業界という特殊な業種は、お客様への接遇マナーが重要です。若手スタッフは、人生経験も少ないのでビジネスマナーも含め、経験不足から不手際の対応になってしまうときがあります。お客様に対し粗相があってはならないという熱心な思いから、私は過度に「お客様の気持ちをもっと理解しないとダメだっ！」と、感情的に指導するときがありました。

その指導方法は、間違いでした。社員に「こうあるべきだ！」「それは間違ってる！」と厳しく指示を出すばかりで、彼らの意見や気持ちに耳を傾けませんでした。その結果、社員は私と距離を置くようになり、次第に不満が溜まっていきました。

あるとき、忙しい業務が続く中、とうとう一人の社員が私にこう言いました。「社長、もう少し優しく言うことはできませんか。厳し過ぎるとみんな悲しくなります。」その言葉は今でも心に刺さっています。接遇マナーを意識するあまり、スタッフへの対応が厳しくなり過ぎていたのです。

一生懸命働くスタッフへ、感謝の言葉をかけることすら忘れ、チームワークでともに学び、ともに成長する良き指導者の意識が欠けている自分に気づきました。私の考えや指導方法について行けないと言って、辞めていくスタッフもいました。彼らの辞職を知ったとき、私は自分が築こうとした組織が崩れていくような気がしました。

そのとき、私は初めて自分の失敗と向き合いました。リーダーシップは、ただ厳しく指導するだけでは、皆、疲弊してしまいます。社員一人ひとりがどう感じているか、何を求めているかを理解し、それに応えつつ、ともに成長していくことが必要だと気づいたのです。

この気づきのきっかけとなったのが、聖書の「良い羊飼い」の話でした。イエスは「**わたしは良い牧者です。わたしはわたしのものを知っています。また、わたしのものは、わたしを知っています。**」（**ヨハネの福音書《ふくいんしょ》10章14節**）と語ります。羊飼いは羊に愛情を注ぎ、一頭一頭の声に耳を傾けながら導きます。この話を思い出し、「ああ、自分は羊飼いではなく、ただの厳しい経営者になっていた」と反省しました。それから私は、社員一人ひとりと向き合うことを徹底的に意識するようにしました。具体的に、毎月1回、1on1の面談を実施し、仕事の悩みや家庭の話など、何でも聞きました。さらに、感謝の気持ちを伝えるために、小さな業務にも「ありがとう」と声をかけることを心がけました。最初はぎこちなかったかもしれませんが、少しずつチームの雰囲気が変わり始めました。一人ひとりが意見を言いやすくなり、仕事へのモチベーションも上がっていきました。その結果、チーム全体の士気が高まり、事業も安定して成長を続けることができたのです。

この経験は、私にとって大きな学びでした。**リーダーシップとは、ただ命令を出すことではなく、社員一人ひとりの声を聞き、彼らの力を引き出すこと**。そして、それを実現するためには、自分の考え方や行動を柔軟に変えていく覚悟が必要だということを、身をもって知ったのです。

聖書を読む際は、ただ物語を読むだけではなく、自分自身の経験と重ね合わせて考えることが大切です。そうすることで、聖書の中にある知恵が自分自身の中に根づいていきます。失敗から学ぶ手がかりは、聖書の中に必ずあります。失敗を恐れるのではなく、それを「成長のためのステップ」として捉え、聖書の教えをもとに新たな一歩を踏み出すことが、私たちを真の賢者へと導いてくれるのかもしれません。

皆さんもぜひ、ビジネスや人生で失敗に直面したときには、聖書を開いてみてください。その中には、過去の失敗から学び、未来へ進むための「賢者の知恵」が必ず見つかるはずです。そして、その知恵を心に刻み、行動に移すことで、あなた自身もより賢く、より強い存在へと成長していくと信じています。

・失敗に感謝してPDCAを回す

ここでおすすめしたいのは「PDCAサイクル」です。「え?今更、PDCA?」と思う方もいるかもしれませんが、これが成長への道を切り開く鍵だと思っています。PDCAというのは、「Plan（計画）」「Do（実行）」「Check（評価）」「Action（改善）」のサイクルを回していくプロセス。要は、計画を立てて実行し、その結果を分析して、改善してまた実行する。この繰り返し、一度や二度で終わりではなく、何度も何度も回していくことが成長の秘訣だと実感しています。

PDCAを回すというのは、決して1回で完璧な結果を得られるというわけではありません。むしろ、何度もトライ・アンド・エラーを実践し、そのたびにチェックと改善を繰り返すことで、少しずつ自分のやり方が洗練されていきます。これを続けるかどうかが、成長できるかどうかを決定づけます。

たとえば、私が起業してから最初の3年間は、ずっと試行錯誤の連続でした。営業方法やマーケティング手法など、何をやってもうまくいかない時期もありました。しかし、そのときに諦めるのではなく、一つひとつの失敗を分析し、「なぜこれがうまくいかなかったのか」「次はどう改善すべきか」を考えながらＰＤＣＡを回し続けました。結果的に、そのつみ重ねが少しずつビジネスを好転させてきたと感じています。

ＰＤＣＡの「Ａ」＝「改善」の部分は、特に重要です。失敗をただの失敗として終わらせるのではなく、そこから何を学び、次にどう改善していくかをしっかり見つめることが必要です。改善し続ければ、必ず結果は変わります。

失敗を恐れないこと。これがＰＤＣＡを回し続けるための基本です。失敗を悪いことと捉えるのではなく、それが「次へのステップ」であると認識することを前の項目でもお伝えしました。失敗したときこそ「この失敗から何を学べるか」という視点で見るように心がけたいものです。

聖書の中にも「**すべての事について、感謝しなさい。**」**（テサロニケ人への第一の手紙5章18節）**という言葉があります。これは、失敗や困難も含めて、すべてを受け容《い》れ、それが自分を成長させる糧だと信じることを教えている言葉です。**失敗すら感謝できるマインド**を持てるようになると、ＰＤＣＡを回すのが楽しくなります。失敗が単なる壁ではなく、次への扉を開けるチャンスとして感じられるようになっていきます。

ＰＤＣＡを何度も回すと、次第に「成功パターン」がわかってきます。たとえば、マーケティングのキャンペーンを実施したとき、最初は結果が出なくても、ＰＤＣＡを回し続けることで、どの部分を改善すれば良いかが見えてくるようになります。そして、それを次に活かすことで、少しずつ結果が出始めます。この「少しずつの成功体験」がつみ重なっていくと、いつの間にか大きな成長につながっていることに気づきます。最初から大きな成功を求めるのではなく、小さなＰＤＣＡを回し続け、そのつみ重ねが大きな成長を引き寄せるのです。

最後に大事なのは、「諦めない心」です。ＰＤＣＡを回し続けるのは、時には疲れるし、モチベーションが下がることもあります。しかし、そこを乗り越えて「まだやれる」と信じて行動し続けることが、成功への道を開くと信じて前進していく。失敗から学び、改善し続けることで、確実に着実に成長していきます。

ビジネスも人生も、最初からすべてうまくいきっこない。そのぐらいの気楽な感覚も大事かと思います。うまくいかないからこそ、うまくいくまで繰り返し挑戦していく。この挑戦の連続から、じわじわと成功へ近づいていく。失敗や挫折は、何度となく訪れるでしょう。**その失敗や挫折を恐れずにＰＤＣＡを何度も何度も回し続けていくその先に、必ず好転する瞬間が訪れます。**そこまでやり続けることができるかが、成長への分かれ道だと思います。

・逆境を成長のチャンスに変えるヒント

確かに、逆境はつらいものです。誰もがそれを避けたいと思うでしょう。しかし、私がこれまでビジネスの世界で学んだのは、逆境こそ成長の絶好のチャンスだということです。逆境に立ち向かうとき、それは新しい成長の扉を開ける瞬間でもあります。だからこそ、逆境をただの苦しみと捉えるのではなく、むしろチャンスと考え、行動を変えることがとても大切だと感じております。ここでは、そんな「逆境を成長のチャンスに変えるヒント」のタイトルで5つのポイントに絞ってお話ししたいと思います。

1．小さな勝利をつみ重ねる

逆境の中にいると、どうしてもすべてがうまくいかないように感じてしまいます。しかし、どんなに大きな問題でも、その大きな問題を細分化し、小さな問題解決を一つ一つつみ重ねることで、少しずつですが、必ず前進できます。たとえば、逆境の中で小さな成果を一つでも出すことができれば、それが自信につながり、その一歩一歩をつみ上げていくことにより、気づけば大きな問題が解決します。これは「成功は一日にしてならず」という言葉に通じます。逆境に直面しているときこそ、小さなステップを大切にし、そのつみ重ねで道を開いていきたいものです。

2．フレキシビリティを持つ

ビジネスを含め人生というものは、計画通りに進むことなんてほとんどありません。環境の変化に柔軟に対応できるかどうかが、大きな分かれ目になります。私自身も何度も多くの予期せぬ問題に直面しました。そのたびに「どうすればこの状況を利用して次に進めるか？」必死に考えフレキシブルに行動することを選んできました。生きていく上で「柔軟性」が大事と考えます。逆境に直面したとき、どうしても動けなくなることがありますが、そこで立ち止まるのではなく、柔軟に新しいアイデアや方法を試すことが、逆境をチャンスに変える鍵になります。

３．周囲の助けを素直に受け容れる

逆境に一人で立ち向かおうとすると、どうしてもつらくなります。ここで覚えておいてほしいのは「助けを求める勇気」があるかどうかです。特に日本の文化では、助けを求めることが「弱さ」と捉えられがちですが、ビジネスの世界ではむしろ「強さ」の象徴だと思います。周りの人とのネットワークがあれば、ピンチのときに新しい視点を得たり、具体的なアドバイスをもらったりすることで状況が好転します。

私自身も、一人ですべてを解決しようと頑張り過ぎている時期がありました。しかし、あるとき「周りには頼れる人がたくさんいる。彼らと一緒に考え、ともに進むほうが強い」と考え方を切り替えました。それからは、賢く助けを求めることを意識するようにしました。ビジネスにおいては、すべて自分でやろうとせずアウトソーシング感覚も大事だと思います。

４．失敗を恐れず挑戦する

逆境に直面しているとき、最も怖いのは失敗です。しかし、成長しているのは、失敗を恐れずに挑戦を続けている人たちです。逆境に向き合って失敗したとしても、それは決して無駄なものではなく、次に進むための貴重な学びになります。聖書には「恐れるな」と何度も繰り返されています。たとえば、『**ヨシュア記**』**1章9節**には「**強くあれ。雄々しくあれ。**」とあります。失敗を恐れるのではなく、その逆境に向かって強く挑戦し続ける心こそが、最終的に成功へ導いてくれるのです。

5. 持続的に学び続ける

最後に、逆境を乗り越えるためには「**学び続ける姿勢**」が大切です。ビジネスの世界は常に変化しています。逆境に立ち向かうためには、常に新しい知識やスキルを身につけ、変化に適応する力が必要です。これは「自分がどれだけ成長できるか」を試されているとも言えます。私も日々のビジネスの中で、常に学び続けることを心がけています。ビジネス書を読むことや、セミナーに参加することで、逆境に対しても新しい視点やアプローチを得ることができました。「知識は力」です。逆境をチャンスに変えるために、常に学び続けましょう。

ここで大切なのは、逆境をどのように捉え、どのように対処するか。これまでに挙げた5つのヒントを意識しながら、1つ1つの逆境を成長のステップに変えていくことができれば、やがて大きな価値ある未来を手にすることができると信じています。

・これでもうストレスには悩まない

ストレスは、現代人が避けて通れないものです。ビジネスのプレッシャーや生活の忙しさで、気づかないうちに心と体が疲れてしまっていることも少なくありません。ストレスを溜め込んだままでは、パフォーマンスも下がってしまいます。だからこそ、リラックスする方法を知っておくことも大切です。ここでは「聖書の知恵」はもちろん、その他、ストレスと向き合いながら、心と体をリラックスさせる7つのヒントをお伝えします。

1．サウナで心身リフレッシュ

まず、最初に、私が愛してやまないのが「サウナ」。サウナは単なるリラックス方法ではなく、科学的にも効果が証明されています。フィンランドの研究によると、**サ**

ウナに週4回以上入る人は、心臓病や脳卒中のリスクが50％も低下するというデータがあります。さらに、サウナに入った後は「ととのう」と感じる人も多く、心も体もスッキリ。忙しいビジネスの合間にもサウナに行けば、短時間で気分転換ができるのでオススメです。

2．**自然の中を歩く「グリーンエクササイズ」**

自然の中を歩くこと、これもリラックスには最適です。緑の中での散歩は、科学的に「**グリーンエクササイズ」と呼ばれ、ストレスホルモンであるコルチゾールを大幅に減らす効果があります**。イギリスのエセックス大学の研究では、緑の中を20分歩くだけで、心拍数や血圧が下がり、気分が落ち着くことが証明されています。忙しい仕事の合間に、近所の公園を散歩してみるだけでも効果抜群です。

3．**旅行でストレス解消**

旅行は最高のリフレッシュ法です。旅行をすることで日常から完全に離れ、新しい場所での体験を通して心がリセットされます。日本交通公社と大阪大学大学院の研究によると、**旅行に行くことによりストレス低減効果があった**というデータがあります。すぐに旅行に行けなくても、「次の休みにどこに行こうか」と考えるだけでも気分がリフレッシュされます。

4．笑いの力を活用

笑いは心のデトックスです。「笑う門には福来たる」と言いますが、これは単なることわざではありません。**笑うことで、脳からエンドルフィンという幸せホルモンが分泌され、ストレスを軽減する効果があります**。笑う行為についての研究はたくさんあり、10分間笑うだけで、心拍数が安定し、気分が良くなるという結果も。YouTubeで面白い動画を見たり、コメディ映画を観たりして、笑う時間を意識的に作りましょう。ちなみに私は、お笑いコントのショート動画をついつい見て笑っています。

5．呼吸を意識した瞑想

瞑想もまた、ストレスを軽減する強力なツール。瞑想といっても難しいことではなく、ただ呼吸を意識するだけでも効果があります。**瞑想や呼吸法を5分間行うだけで、**

ストレスホルモンが減少し、リラックスした状態に導かれることが、数多くの研究で示されています。たとえば、「4−7−8呼吸法」では、4秒間吸って7秒間息を止め、8秒かけて吐き出す。このシンプルなテクニックで、リラックスした状態を手に入れることができます。

6．**良質な睡眠を確保する**

リラックスの基本は、何と言っても「睡眠」です。最新の調査によると、日本人の約50％が何らかの睡眠問題を抱えているそうです。しかし、睡眠こそが一番手軽で強力なリラックス法です。**良質な睡眠を得るためには、寝る前にスマホやパソコンを使わないことが大切。**ブルーライトが脳を覚醒させてしまうので、リラックスして寝ることができません。寝る前にリラックスできる音楽を聴いたり、心地よい香りを取り入れたりして、快適な睡眠環境を整えましょう。

7．**聖書の知恵を借りる**

最後に、リラックスするための方法として「祈り」や「聖書の知恵」を活用することもおすすめです。『**ピリピ人への手紙**』４章６節には「**何も思い煩わないで、あらゆる場合に、感謝をもってささげる祈りと願いによって、あなたがたの願い事を神に知っていただきなさい。**」とあります。これは、何かに悩んでいるとき、祈りの時間を持つことで心が軽くなり、ストレスが解消される効果があります。神に委ねる心で、日々のプレッシャーを手放していくと、心の中に自然と平安が訪れるものです。

大事なのは「自分に合った方法を見つけて、意識的に実践すること」。サウナに入ったり、旅行を計画したり、呼吸法や瞑想を取り入れたり、笑う時間を作ったりして、心身をしっかり休める習慣を持つことで、毎日のストレスが軽減されます。リラックスを日々の生活に取り入れることで、ストレスの蓄積を防ぎ、より健康的で前向きな心を保てます。忙しい毎日の中でも、自分自身をいたわる時間を持つことを忘れずに、楽しくリラックスしていきましょう。

・「祈り」的マインドフルネスが成功の鍵

私たちが日々の生活で行っている小さな行動のつみ重ねが、実は潜在意識に深く影響していることを知っていますか？　それはビジネスの成功に限らず、健康や人間関係、日々の幸福感にも関わってくる大切な要素です。特に「祈り」や「マインドフルネス」的な習慣が潜在意識にどれほど強く働きかけるかを理解すれば、毎日の生活がどれだけ豊かになるかを感じられるでしょう。

現代のビジネスシーンでも注目されている「マインドフルネス」ですが、実はその考え方は、祈りや瞑想のような伝統的な行為と非常に似ています。マインドフルネスとは「今、この瞬間」に意識を集中し、心と体を整える行為です。これを毎日5分続けるだけでも、心身が強化され、潜在意識に働きかけ、引き寄せ的に物事が進んでいく効果が生まれます。

祈りやマインドフルネス、潜在意識と聞くと眉唾物《まゆつばもの》と考えがちですが、実は、これには科学的な根拠もあります。アメリカの著名な研究者、ハーバード大学のハーバート・ベンソン博士が行った実験では、**マインドフルネス的な行動や祈り、瞑想が体のストレス反応を抑え、リラックス反応を引き出す**ことが証明されています。この「リラクゼーション反応」は、自律神経を整え、心身のバランスを回復させる効果があるとされています。つまり、毎日のマインドフルネスや祈りが潜在意識に染み渡り、心身の健康を向上させる効果があるということです。

たとえば、毎朝10分、静かな場所で深呼吸をしながら祈りやマインドフルネス的行動を実施します。その中で、その日の目標や成功イメージを思い浮かべてみてください。これを続けることで、潜在意識に「成功する」「幸せである」というポジティブなメッセージがどんどん染み渡ります。そして、その行動は潜在意識に染み渡り、顕在意識となり、自然とそのメッセージに基づいた行動ができるようになり、そのつみ重ねから成功や幸福を引き寄せるのです。

臨床実験でも、祈りや瞑想がどれほど私たちの心身に影響を与えるかが確認されています。ある実験では、瞑想を行っていたグループとそうでないグループに分けて、ストレスホルモンのレベルを測定したところ、瞑想を行っていたグループは明らかにストレスホルモンが低下し、精神的にも安定していたという結果が出ました。

さらに、祈り的瞑想を通じて自分の目標や夢を毎日確認することで、脳はその情報を強化し、潜在意識が自然とその目標に向かって行動を引き寄せるようになります。たとえば、「私は成功する」というメッセージを日々心に刷り込んでいると、そのメッセージが潜在意識に入り込み、無意識のうちにその目標達成に向かう行動を取るようになります。

祈りやマインドフルネス的行為が潜在意識に働きかける力は、まさに「引き寄せの法則」に通じるものがあります。日々の祈りや瞑想によって、自分の心の中にポジティブなエネルギーを蓄え、そのエネルギーを外界に放出することで、自分の周りに良い影響を与え、成功や幸運を引き寄せるというものです。

聖書の中でも、このような心の持ちようについてはたくさんの教えがあります。「**心を尽くし、思いを尽くし、知力を尽くして、あなたの神である主を愛せよ。**」（**マタイの福音書22章37節**）。この言葉は、神を愛することによって心が整い、祈りを通して自分の心が強くなることを教えています。つまり、祈りを通じて自分自身と向き合い、心の中を整理していくことで、人生における大きな変化を引き寄せることができるのです。

では、どうやってこの「祈り的マインドフルネス」を日々の生活に取り入れればいいのでしょうか？　難しいことはありません。たとえば、毎朝起きたときに感謝の気持ちを込めて短い祈りを捧げる。また、仕事の合間に目を閉じて深呼吸をし、心を落ち着ける時間を持つ。これだけで十分です。

毎日の習慣として、少しでも自分の心に耳を傾ける時間を作ることで、潜在意識に働きかけ、心身ともに強くなることができます。最初は慣れないかもしれませんが、続けることで「祈り的マインドフルネス」が習慣となり、その効果を実感できるようになります。早速、今日から「祈り的マインドフルネス」を生活に取り入れてみてください。

・成功に最も大切な土台は、健康

人生における成功を目指す人は、戦略や計画、努力の大切さをよく理解しています。しかし、意外と見落とされがちなのが「**心身の健康**」です。成功への道のりにはもちろん知識やスキル、ネットワークが重要ですが、何よりも「健康」であることが、その土台《どだい》となります。

私も肉体的、精神的にともに常に強いと周りから思われ、また自分でも強いと自負しております。しかし一人の人間、時々、疲れからか、体調を崩してしまうこともあり、心身の健康の大切さを痛感しております。

現代社会では、長時間の労働や過密なスケジュールによって心身ともに疲弊してしまう人が少なくありません。心身が健康でなければ、どんなに素晴らしいビジネスプランがあったとしても、結果を出すことは難しいでしょう。成功への可能性を高めるためには、まず自分の体と心を整え、健全な状態を保つことが最優先であります。

たとえば、ビジネスの大事なプレゼンが翌日に控えているときに、風邪を引いて体調を崩していたらどうでしょうか。いくら最高の資料とプランがあり準備万端でも、体が動かなければ、パフォーマンスは発揮できません。一方、体調が良く、エネルギーがみなぎっているときは、仕事もどんどんはかどり、創造力も湧き出てくるものです。

心の健康も重要です。ストレスを溜め込みすぎると、やがて集中力が低下し、仕事に対するモチベーションも失ってしまいます。心が疲れていると、クリエイティブな発想もできなくなり、日々の仕事がただの「作業」に感じられるようになります。このようになってしまっては、どれだけ目標を持っていても、それらを達成することは難しくなるでしょう。健康であるためには、日々の習慣が大切です。無理なく続けられる健康的なライフスタイルを心がけることで長期的な成長につながります。たとえば、睡眠時間の確保、バランスの取れた食事、適度な運動など、基本的な生活習慣を見直すことから始めてみましょう。

私も忙しい毎日の中で、体調管理には、かなり気を使っております。朝は軽いラジオ体操と愛犬との散歩をすることを習慣とし、食事はご飯に味噌汁、納豆、ヨーグルトと梅干し、サプリも7種類ほど継続して摂取しています。そして何より、しっかり睡眠を取ること。ビジネスのプレッシャーで眠れない日もありますが、そんなときこそ睡眠の質を高めるために、就寝前のよく眠れるルーティンを大切にしています。

成功している多くのビジネスパーソンも、健康管理には特に気を配っています。たとえば、アップルの共同創業者スティーブ・ジョブズは、健康的な食生活と瞑想を実践し、クリエイティブな発想を持ち続けました。また、Googleの共同創業者ラリー・ペイジも定期的な運動を習慣化し、健康であり続けることを仕事の一部として捉えているそうです。

心身の健康を保つとは、単に「元気である」だけではありません。それは、ビジネスを戦略的に進めていく上での大きな武器になります。なぜなら、健康な状態であれば、精神的にも安定し、冷静に判断できる力が養われるからです。

一方、**健康をおろそかにしていると、短期的には成果を出せても、長期的に見るとその無理がたたって、パフォーマンスが低下し、結果的に失敗する可能性が高まります。**また、健康な心と体があることで、周囲との良好なコミュニケーションを築くこともできます。たとえば、社員やパートナーと過ごす時間においても、自分自身が健やかであるからこそ、相手に対してポジティブな影響を与えることができます。逆に、自分がストレスを抱え、疲弊していると、その感情が周囲に伝わり、チーム全体のパフォーマンスに悪影響を及ぼしてしまいます。

聖書にも、心身の健康についての教えが数多く記されています。たとえば、**「あなたがたのからだは、あなたがたのうちに住まわれる、神から受けた聖霊の宮であり、あなたがたは、もはや自分自身のものではないことを、知らないのですか。」（コリント人への第一の手紙6章19節）**という言葉があります。これは、私たちの体が神に与えられた大切なものであり、健康を大切にすることが神への敬意でもある、という意味です。

健康な体と健全な心を持つことが、神が与えてくださる成功の一つであり、それを維持することで、さらなる大きな成果を引き寄せることができるのです。ビジネスでの成功を追い求めるなら、まずは心身の健康を優先しましょう。健康があるからこそ、毎日フルパワーで取り組むことができ、最高のパフォーマンスを発揮できます。そして、毎日の生活の中で、体と心を大切にし、健やかな状態を保つことを習慣にしましょう。そうすれば、ビジネスの目標達成もぐっと近づいてくるはずです。

・ゆるしの心はストレスホルモンを下げる

現代社会は、ストレスの時代とも言われています。ビジネスの世界でも、家庭でも、私たちはさまざまなプレッシャーにさらされ、気づかぬうちにストレスが蓄積しています。２０２３年の厚生労働省「労働安全衛生調査」によると、現在の仕事や職業生活に関することで強い不安、悩み、ストレスとなっていると感じる事柄がある人は82・７％もいるとされています。このようなストレス社会で生きていく私たち、どうすれば心の平和を保つことができるのでしょうか？

ストレスの一例として、睡眠不足や不安、イライラ感といった症状が日常化し、仕事の生産性にも悪影響を与えています。また、ストレスが原因で起こる身体的な問題も深刻です。頭痛や胃痛、血圧の上昇など、ストレスが引き金となって発症する疾患は数多くあります。これが長期的に続くと、心身ともにバランスを崩し、結果的に大きな病気へとつながることもあります。ストレスは、無視しているとどんどん溜まっていきます。では、どうすればこのストレスを減らし、心の平和を保つことができるのでしょうか？　ここでおすすめしたいのが「**ゆるしと寛容な心を持つこと**」です。

「ゆるす」とは、他人に対して心を開き、過去の過ちや失敗を受け容れること。これは単に相手をゆるすというだけでなく、自分自身をゆるすことも含まれます。誰しも完璧ではなく、失敗もするし、過ちも犯します。そのようなときに、過去の出来事にとらわれすぎると、心が重くなり、ストレスも増してしまいます。心理学研究でも、「ゆるし」が心の健康に大きな影響を与えることが明らかになっています。**ゆるしの気持ちを持つことで、ストレスホルモンであるコルチゾールの分泌が減少し、心拍数や血圧が下がるなど、身体にも良い影響を与える**ことがわかっています。

ビジネスの現場でも、ゆるしと寛容の心は重要です。特に、チームで働く場合、同僚や部下との間に摩擦が生じるときがあります。その際に、相手をゆるし、過度に責めることなく、寛容な心で接することができると、仕事のパフォーマンスも向上し、良好な人間関係を築くことができます。

聖書にも、ゆるしと寛容に関する教えが多く記されています。特に、「**もし人の罪を赦すなら、あなたがたの天の父もあなたがたを赦してくださいます。**」（**マタイの福音書6章14節**）という言葉は、心に響きます。この教えは、他者をゆるすことで、自分自身も心の平和を得られるということを示しています。しかし、ゆるすという行為は、決して簡単なことではありません。特に、自分に対して不利益を与えた人や、自分を傷つけた人をゆるすことは難しい。しかし、それでもゆるしを実践する。その意識によりだんだんと自分自身の心が軽くなり、ストレスも自然と減少していく。ゆるしは、難しいですが、ゆっくりゆるす心を磨いていきたいものです。

寛容な心を持つことも、ストレス軽減に大きな効果があります。ビジネスの世界では、完璧を求めがちですが、人は自分を含め誰でもミスをしますし、予期せぬトラブルに見舞われることもあります。そんなときに、他人や自分に対して寛容を意識する。何か問題が起きたときに「どうしてこんなことになったんだ！」と怒り狂うのではなく、「こういうこともあるよね」と冷静に受け止める心の余裕を持つことが大切。怒りや焦りはストレスを生み出しますが、寛容な心を持つことで、そのストレスの発生を抑えることができます。

また、寛容さは自己成長にもつながります。他者をゆるし、寛容な心で接することで、より豊かな人間関係が築け、結果的に自分自身の成長にもつながります。

最後に、日々の生活の中で簡単にできるストレス削減方法を紹介します。

1．深呼吸：**ストレスを感じたときには、ゆっくりと深呼吸をして心を落ち着けるよ**

うにしましょう。これだけでも、脳がリラックスし、ストレスを軽減する効果があります。

2．適度な運動：**運動は、体を動かすだけでなく、ストレスホルモンの分泌を抑え、気分をリフレッシュさせる効果があります。**

3．感謝の心を持つ：日々の生活の中で、**感謝の気持ちを持つことはストレスを減らす大きな助けとなります。**感謝の心がストレスを和らげ、平和な気持ちをもたらします。

ゆるしと寛容の心を持ち、日々の生活に感謝の気持ちを忘れず、ストレスを大きく軽減し、平和な心を保つ生活をともに目指していきましょう。

・野田式　時間管理

「人生はいつだって計画通りにはいかない」。よく耳にする言葉です。まるで突然やってくる雨のように、予期しない出来事は常に私たちを待ち構えています。「今日は完璧なスケジュールでいくぞ！」と思った矢先、予想外の電話や急なトラブルが起こり、あっという間に時間が消えていく。なぜ、急なことって決まって忙しいときに限って起こるのでしょうか？　まるで、時間そのものがイタズラ好きの神様みたいです。

ビジネスの世界でも、プライベートでも、「そのとき」は突然訪れます。だからこそ、効果的な時間管理と優先順位づけが大切だと感じています。「時間管理なんて当たり前でしょ」と思われるかもしれませんが、これがなかなか難しい。私自身、ビジネスをし始めの頃は、スケジュール通りに動こうとしても、結局いつも予期せぬことが重なって、夜中まで仕事をしていたことが何度もありました。

まず、優先順位をつけることの重要性を少し考えてみましょう。何を優先すべきかがはっきりしていないと、気づいたら細かい仕事に振り回されて、肝心の大きなタスクが後回しになってしまうことがあります。「とりあえず簡単なことから片づけよう」とメールの返信や書類の整理から始めてしまうと、気づけばその日が終わってしまう……。これでは本末転倒です。

ここで、私がよく使うのが「3つのPルール」。これは、**Priority（優先順位）**、**Preparation（準備）**、**Patience（忍耐）**です。まずは最も重要なことに集中し、その後、次に必要な準備をしながら、多少の混乱があっても忍耐強く進んでいくというものです。この「忍耐」がポイントで、急に何かが起こっても慌てず、冷静に対処することが、長期的な成長につながります。

さて、優先順位を考えるとき、私はいつも聖書の言葉を思い出します。「**あすのための心配は無用です。あすのことはあすが心配します。労苦はその日その日に、十分あります。**」（**マタイの福音書6章34節**）。この言葉は、未来の心配ばかりせず、今日やるべきことに集中しなさいという教えです。ついつい明日のこと、来週のこと、未来の起こるかどうかもわからないことばかり考えてしまう私たちに、「まずは目の前のことをしっかり片づけなさい」という温かいアドバイスをくれているようです。

私は昔、時間管理のために「ＴｏＤｏリスト」を作り始めた時期がありました。しかし、問題はそのリストが日に日に長くなっていくこと。気づけばリストが3ページ分にもなり、「今日中にこれ全部できるのか？」と自問自答することに……。結局、リストが自分にプレッシャーをかける存在になってしまい、逆に時間管理がストレスに。そこから学んだのは、「シンプルが一番」ということ。その後、リストを**「至急ＴｏＤｏ」「仕事ＴｏＤｏ」「自分ＴｏＤｏ」**の３種類に分類しました。

「至急ＴｏＤｏ」は、ここ数日で対応しなければならない項目を記載し、急ぎ片づけるタスク。「仕事ＴｏＤｏ」は1カ月から３カ月以内に対応する仕事を記載しマインドに染み込ませながらジワジワとこなして、ゆくゆくは「至急ＴｏＤｏ」にアップします。「自分ＴｏＤｏ」は、自分の趣味や家庭的な項目を記載し、ライフスタイルの充実アップを目指します。ＴｏＤｏをこの３つに分類するだけで、効率がアップし、達成感がグッと上がったのでおすすめです。

しかし、ＴｏＤｏリストを作っても「そのとき」の突然の出来事は避けられません。でも、そんなときこそ「備えあれば憂いなし」という言葉が活きてきます。いざというときに慌てないためには、普段の準備が肝心です。時間管理の基本は、すべてが予定通りに進むことを期待するのではなく、突然の出来事に柔軟に対応できる態勢を整えておくこと。どんなに上手にスケジュールを組んでも、突発的なことは必ず起こります。だからこそ、優先順位をしっかり決め、余裕を持ったスケジューリングが重要です。

時間管理がうまくできない日は、自分にこう言い聞かせてください。「まあ、人生ってそんなもんだよ」と。そして、深呼吸して、また前に進めばいいんです。結局のところ、どれだけ頑張っても予測できないことは必ずやってくるのですから、無理にコントロールしようとせず、時には自然の流れに任せるのも大切です。

だからこそ、今日できることをしっかりやる。そして明日は明日の風が吹く。あれこれ考えすぎずに、シンプルに進んでいけば、自然と結果はついてきます。やるべきことにしっかり集中し、余計な不安に心を奪われない、そんなゆとりある生き方も大切だと思います。

・成長のための４つの自己投資

ビジネスで成長するために、自己投資は避けては通れない行動です。誰もが「成功したい」「成長したい」と願う一方で、本当に結果を出せる人とそうでない人の違いは、「**自己投資**」をどれだけ本気で行っているかにあると思います。自己投資とは、単なる自己満足ではなく、未来への確実なステップアップを実現するための投資です。そして、その投資は「**時間**」「**お金**」「**出会い**」「**行動**」といった具体的な形でつみ上げていくことが大切だと感じています。

まず、自己投資の第一歩として「**時間の投資**」が挙げられます。多くの人は、日々の雑務に追われ、学びの時間を確保することが難しくなります。しかし、成長し続けるためには学びを止めてはいけません。私が意識してきたのは、どんなに忙しくても、毎月必ずビジネスセミナーに参加することです。特に、最新のトレンドや成功者の体験談を聞く機会は、リアルな熱量が伝わり、自分を成長させるための貴重な時間となります。

また、忙しい中でも「**学ぶ時間**」を積極的に確保することは、成長のための大切な自己投資になります。たとえば、一日に10分の読書タイムを取るとか、興味のあるビジネスセミナーに参加するなど、時間を使って自分に知識を投資することが必要です。これは「短期的な目先の利益」ではなく、つみ重ねることにより確実に効果を発揮します。

次に大切なのは「**お金の投資**」です。自己投資の中でも、書籍やセミナーに投資することは重要な要素です。私も常に、「この本はためになるな」と感じた書籍は迷わず購入するようにしています。成功者たちが書いた本や、業界の最先端を走る人たちの意見を学ぶことは、金銭以上に大きな価値があります。

また、ビジネスセミナーに参加するにはお金がかかりますが、価値ある投資です。成功している人たちがどのように考え、どんな行動を取っているのかを直に学ぶことができる場は、書籍から得られる知識とはまた違った実践的な学びがあります。私も、ためになると思ったセミナーには積極的に参加してきました。金銭的に投資した以上の成果が出ていると強く感じています。

「出会いへの投資」も、自己投資の一環として非常に重要です。私もこれまで、多くのビジネスセミナーやイベントに参加し、そこで意識の高いビジネスパーソンとの出会いを大切にしてきました。

この「出会い」というのは、ビジネスを広げていく上で、無限の可能性を秘めています。新しいアイデアや価値観に触れることで、自分自身のビジネスにも新しい風を吹き込むことができるのです。また、成功している人たちとのつながりは、自分自身の成長の刺激にもなります。彼らと接することで、どういう考え方を持ち、どんな行動を取るのかが学べるからです。そして、何よりも成功者の持つポジティブなエネルギーに触れることで、モチベーションを高く保てるのです。

そして最後に重要なのは**「行動への投資」**です。どれだけ時間やお金、出会いに投資をしても、実際に行動に移さなければ意味がありません。私は、ビジネス書を読んで学んだこと、セミナーで吸収した知識をすぐに実践に移すようにしてきました。行動こそが、自己投資の最終的なカタチです。

聖書にも「**求めなさい。そうすれば与えられます。捜しなさい。そうすれば見つかります。たたきなさい。そうすれば開かれます。**」（マタイの福音書7章7節）という言葉があります。これは、何事もまず行動し、求める姿勢を持つことが大切だという教えです。自己投資も同じです。学んだことを実際に行動に移し、結果を求めていくことが成功への第一歩となります。

自己投資は、ビジネスや人生において、必ず成長と成功につながる要素です。時間やお金を投資し、新しい知識を吸収し、意識の高い人たちとのつながりを築き、そして実際に行動に移す。この4つの自己投資をバランスよく実践し、未来へのステップを一歩一歩つみ上げていきましょう。

日々の小さな努力のつみ重ねこそが、未来の大きな成功につながるのです。自己投資を続け、自分自身の成長につなげていきましょう。

・聖書を読むだけで自己肯定感が高まる

自己肯定感、プラス思考……ビジネスでも人生でも、すごく大事な要素です。私自身も、さまざまな場面で「自分を信じる力」からの自己肯定感を高めることは必要だと感じています。自己肯定感が低いと、何をするにも迷ったり、自信がなくなったりしてしまいます。そんなとき、私を支えてくれたのが聖書の言葉です。**聖書を読み込めば読み込むほど、自己肯定感が自然と高まっていく理由**について、ここでは、じっくりお話ししたいと思います。

聖書には、神様が私たち一人ひとりを愛し、大切にしていることが、何度も繰り返し語られています。たとえば、**『ヨハネの福音書《ふくいんしょ》』15章９節**には「**父がわたしを愛されたように、わたしもあなたがたを愛しました。わたしの愛の中にとどまりなさい。**」とあります。この言葉を、初めて読んだとき、とても感動しました。私たち一人ひとりが神様にとってかけがえのない存在だと知った瞬間、「ああ、自分は、このまま、ありのままの自分で良いんだ」と素直に感じることができました。

特にビジネスの世界では、他人と比較することが多いと感じております。誰かがうまくいっていると、自分が劣っているように感じ、一方で自分が成功すると、他の人と比べて優れていると勘違いしてしまうこともある。しかし、聖書を読み込んでいくと、そんな比較は無意味だということに気づかされます。私たちは、ただ神様の目に「素晴らしい」と見られているだけで十分。それが、自己肯定感を高める大きな理由です。

また、**『イザヤ書』43章4節**にも「**わたしの目には、あなたは高価で尊い。わたしはあなたを愛している。**」と書かれています。この言葉が教えてくれるのは、私たちがどれだけ失敗しても、欠点があっても、神様はそれでも愛してくれているということです。ビジネスで失敗したとき、落ち込むことも多いでしょう。でも、聖書の言葉が私たちに教えてくれるのは、失敗しても価値が下がるわけではないということです。むしろ、そういうときこそ神様は「私の目には高価だよ、私はあなたを愛しているよ、大切な存在だよ」と言ってくれているのです。

私がよく感じるのは、聖書を読んでいると「ありのままの自分を受け容《い》れる力」が強くなるということです。たとえば、他人からの評価や結果に一喜一憂せず、「自分は神様に愛されている存在なんだ」という根本的な安心感を持つことができます。これはビジネスでもプライベートでも、とても大切な感覚です。結果に左右されず、自己価値をしっかり持つことができるようになるからこそ、日々の行動に自信が生まれてくると感じます。

さらに、**『ローマ人への手紙』8章28節**の「**神を愛する人々、すなわち、神のご計**

画に従って召された人々のためには、神がすべてのことを働かせて益としてくださることを私たちは知っています。」という言葉も、自己肯定感を高める力を持っていま す。どんな出来事も、神様の計画の中では最終的に「益」になると信じることができれば、失敗や困難にもしっかり向き合うことができるのです。「どんなことがあっても、最終的には神様が導いてくれるんだ」という安心感があるからこそ、自分自身を否定せず、肯定的に受け止めることができます。自己肯定感というと、自己中心的なイメージを持つ人もいるかもしれませんが、聖書の中での自己肯定感は違います。これは、他人を押しのけて自分を肯定するのではなく、神様の愛と計画を信じ、自分の存在価値を見いだすものです。ビジネスでも、自己肯定感がしっかりしていると、周囲とも健全な関係を築くことができ、チームとしての成功につながっていきます。

最後にもう一つ、私が大好きな聖書の言葉をご紹介します。『**ヨハネの福音書**』**15章5節**の「**わたしはぶどうの木で、あなたがたは枝です。人がわたしにとどまり、わたしもその人の中にとどまっているなら、そういう人は多くの実を結びます。**」という言葉です。この言葉からも、自分と神様がつながっている限り、必ず良い結果が出るという確信を持つことができます。私たちは神様から切り離されることはなく、どんなときも導かれているという確信が、自己肯定感をさらに高めていきます。

聖書を読み込むほど、自分の価値を見いだし、自己肯定感が高まっていく。その理由は、聖書の中にある神様の愛のメッセージが、私たちを常に支え、励ましてくれるからです。ビジネスでも人生でも、他人と比べることなく、自分自身を信じて歩んでいける力を聖書から受け取りましょう。毎日の忙しい中であっても、少しでも聖書を開いてみてください。その言葉があなたの心に響き、自己肯定感を高める助けになるはずです。

・内なる不安を鎮める方法

人生を生きていると、誰しも大なり小なり不安や悩みに必ず直面します。将来への不安、仕事のプレッシャー、家庭の問題、人間関係のストレス、心配事は尽きません。私も経営者として、日々の中で数え切れないほどの不安に向き合ってきました。でも、そうした不安を乗り越える上で、いつも力になってくれるのが聖書の言葉です。

たとえば、『**詩篇**』**46篇1節**には「**神はわれらの避け所、また力。苦しむとき、そこにある助け。**」とあります。この言葉、実際に何度も助けられました。経営をしていると、予想外の事態が毎日のように起こります。売上が上がらない月、予期せぬトラブル、社員との摩擦、どんなに準備しても完璧にはいかないものです。そんなとき、「神は避け所」だというこの言葉を思い出すと、まるで神様がそっと肩をポンとたたいてくれて「大丈夫、私がそばにいるから」と言ってくれる気がするのです。

また、『**マタイの福音書**』**6章34節**に「**だから、あすのための心配は無用です。あすのことはあすが心配します。労苦はその日その日に、十分あります。**」とあります。これは、未来のことを考えすぎて不安に押しつぶされそうになる私に、いつも必要な言葉です。ビジネスでもプライベートでも、特に未来に対する漠然とした不安というものは、なかなか消えません。しかし、この言葉を読むと、「まずは今日をしっかり生きよう」と思えるようになります。未来を心配しすぎて今を見失っては、元も子もないですから。

さらに、**『ヨハネの福音書』14章27節**の「**わたしは、あなたがたにわたしの平安を与えます。わたしがあなたがたに与えるのは、世が与えるのとは違います。あなたがたは心を騒がしてはなりません。恐れてはなりません。**」という言葉も私のお気に入りです。この「平安」という言葉、単なる安心感や安らぎを指すのではなく、もっと深いレベルでの心の静けさや安定感を意味します。特に大きなプロジェクトに挑戦するとき、この平安の言葉を思い出すと、どんなプレッシャーにも耐えられるような強さを感じます。

さらに、**『詩篇』34篇18節**には「**主は心の打ち砕かれた者の近くにおられ、霊の砕かれた者を救われる。**」とあります。この言葉にどれだけ救われたことか。打ち砕かれた経験って、皆さんも一度や二度はあるでしょう。私は、ビジネスがうまくいかない時期に、自分のすべてが無力に感じる瞬間がありました。何をしてもうまくいかず、もがけばもがくほど深みにハマっていく感じでした。でも、この言葉を読んで、「神様はこんな自分でも見捨てないでいてくれるんだ」と思ったとき、急にふっと心が軽くなりました。そこから、少しずつ前に進む力が湧いてきて今の自分があると感じております。

また、**『イザヤ書』41章10節**も、私が経営者としての道を歩む上で支えとなる言葉です。「**恐れるな。わたしはあなたとともにいる。たじろぐな。わたしがあなたの神だから。わたしはあなたを強め、あなたを助け、わたしの義の右の手で、あなたを守る。**」というものです。会社経営をしていると、何かしら常に新しい挑戦や問題が出てきます。そのたびに、この言葉を思い出し、恐れや不安に打ち勝つ力をもらっています。「神様がいるから大丈夫だ」と思えた瞬間、心が軽くなり、不思議と問題にも冷静に向き合えるようになるのです。

『ピリピ人への手紙』4章6節には「**何も思い煩わないで、あらゆる場合に、感謝をもってささげる祈りと願いによって、あなたがたの願い事を神に知っていただきなさい。**」とあります。祈ることによって自分の心が整理され、不安が少しずつ解消されていくことを、私は何度も経験しました。ビジネスにおいても、私たちの願いや思いが明確になると、次に何をすべきかが自然と見えてくるものです。この言葉が示す通り、感謝を忘れずに祈ることで、心が穏やかになり、物事がスムーズに進んでいくと確信しています。

聖書の言葉は、何千年も前に書かれたものでありながら、現代に生きる私たちにも不思議な力を与えてくれます。不安や悩みを抱えたとき、聖書を開き、そこに書かれた神の言葉をじっくりと心に留めることで、内なる不安が和らぎ、次への一歩を踏み出す力を得られるでしょう。どんなときも、神様は私たちの側にいてくださる。聖書を通して、その力強いメッセージを受け取り、前に進んでいきましょう。

・ほんのわずかな行動でメンタルは鍛えられる

メンタルって、意外と日常生活の中でじわじわ鍛えられるものだと感じています。何か特別な修行やセミナーに行かなくても、日々の生活の中にメンタルを強くするチャンスが転がっています。そこで、泥臭いけど確実にメンタルを鍛えられる、私、野田流の方法を、ユニークな視点でお届けします。

1.「エレベーターやエスカレーターを使わず階段」を使う

これはシンプルですが、かなり効くメンタルトレーニングです。たとえば、毎日、通勤や移動時にエレベーターや、エスカレーターに乗っている人は、あえて階段を選んでみましょう。「なんでわざわざ？」って思いますよね？　でも、これが意外とメンタル強化につながります。階段を上るときって、最初の数段は軽やかに進んでいけます。でも、途中から息が切れて「もう無理だ」と思う瞬間がくる。その瞬間こそ、メンタルを鍛えるチャンスです。「ここで諦めるか、もう1段上るか？」この選択を都度、自分に問う。小さなことのように思えますが、**階段を上り切るたびに「やったぜ！」という小さな達成感につながります。**日常でできる最も簡単なメンタル強化法の一つです。

2.「嫌な仕事を真っ先に片づける」

ビジネスでも、生活でも、「後でやろう」と思って後回しにしている面倒な仕事やタスク、ありませんか？　これをあえて最初にやってしまう。嫌なことを後に残すと、頭の片隅でずっと「まだあれが残っている……」と、ストレスを感じます。**だからこそ、面倒なタスクこそ最初に片づけてしまう。**そうすることで、後の時間はすっきりする。心の重荷も取れる。たとえば「月曜日の朝一番に難しい案件に取り組む」と決めて実行する。これを習慣化すると、「何でもやればできる」という感じで自己肯定感が上がり、どんな仕事も乗り切れるメンタルが作られます。

3．**「誰もいない車内で大きな声で歌う」**

ちょっと変わった方法ですが、これは本当にユニークで効きます。皆さん、日々の生活の中で溜まっているストレスやプレッシャー、気づいていないかもしれませんが、結構あるはずです。**それを解放するのに、思いっきり歌い叫ぶことが効果的。**もちろん、家の中で叫んだら家族や隣人に心配されるので、誰もいない車の運転中にやるのがおすすめです。一人カラオケでもいいかもしれません。大きな声で、全力で歌い、叫ぶと、心がスッキリして不思議とメンタルが軽くなります。何だかリフレッシュし

て、また頑張ろうって気分になります。ぜひ、試してみてください。ちなみに私は、山下達郎《やましたたつろう》と長渕剛《ながぶちつよし》を熱唱しています。（笑）

4．「**今日を生き抜いた自分を褒《ほ》める**」

メンタルを鍛えるためには、自分を認めることも大切です。よく「自己肯定感を高める」とか言いますが、これって地味に大切です。**毎晩寝る前に、今日一日を振り返って「今日もよく頑張った」と自分を褒めてあげてください**。たとえば、「今日は階段を使った」「嫌な仕事を先に片づけた」「スーパーのレジで笑顔を絶やさなかった」なんでもいいのです。小さなことでも「今日の自分、よく頑張った」と思えることを探して、心の中で自分に拍手を送る。これを毎日やると、いつの間にか自分への信頼がつみ上がって、自己肯定感が高まります。ポイントは、頑張った自分をしっかり認めてあげることです。

5．「**サウナで自分を追い込む**」

私の大好きなサウナ。サウナも実はメンタル強化にはもってこいです。サウナに入って、熱気で「ああ、もう無理」と感じる瞬間があります。でも、その瞬間こそが勝負！　ここで「あと1分だけ耐えてみよう」と粘ります。そうすると、体も心も「あれ、意外といけるじゃん」と感じます。これって、ビジネスの難局を乗り越える感覚に似ていると思います。つらいけど、あと少し耐える。そうすることで、サウナを出た後の水風呂での爽快感が何倍にも増します。そして、これが日常の試練にも応用できるようになる。**つらい局面に直面しても「もう少し耐えよう」と思えるようになりますよ。**

最後にメンタルを鍛えるというのは、一朝一夕にできるものではありません。日常の中で少しずつ、自分にチャレンジすることで強くなっていくものだと感じております。「大声を出してスッキリする」「嫌なことを先にやる」「サウナで限界に挑戦する」など、小さなつみ重ねが、やがて大きなメンタルの強さにつながっていきます。

日常の中に潜む小さなチャレンジを見逃さず、少しずつ自分を追い込んでいく。それが、ビジネスでも人生でも、成長につながる強いメンタルを作る秘訣だと感じております。

・あなたが何歳でもチャレンジできる

私が起業を決意したのは、30代に差し掛かった頃です。20代の間は、多くの道を模索し、迷い、時には悩み苦しむこともありました。日本社会では、特に若いうちに結果を出さなければならないとか、年齢が重要視されるという価値観が根強く残っています。しかし、「年齢や環境」を言い訳にしても何も始まらないことに、私は早い段階で気づきました。だからこそ、年齢や才能の問題を言い訳にせず、自分の道を切り開くことを決めたのです。

30代の起業は、確かに「遅い」と感じる人もいるかもしれません。でも、それが何なのでしょうか？　むしろ、年を重ねることで得た経験と人脈、そして「人生に対する深い理解」は、私にとってかけがえのない財産となりました。

実際、若くして起業し、結果を出している周りの人たちを見ると、焦りを感じたこともあります。「自分はこの年齢で本当にやり遂げられるのだろうか」と不安に駆られたこともありました。しかし、私は自分の道を信じることに決めました。焦りや不安をバネにして、一歩ずつ着実に前進していく。それが、年齢に関係なく確かな成果を得るための唯一の方法だと気づいたのです。

多くの人は、年齢や環境を理由にして、自分の可能性を自ら閉ざしてしまうことがあります。「もう遅い」「才能が足りない」「今さら始めても無駄だ」といった言葉をよく耳にしますが、こうした言い訳こそが、一番の敵です。年齢や環境は、成果を手にするための障害にはなりません。むしろ、それをどう捉えるかが、成功への鍵を握っているのです。

私のビジネス経験を振り返ってみれば、最初の数年は本当に厳しいものでした。営業先に足を運んでも、何度も門前払いを食らう。営業活動も思うように進まず、成果を出すのに時間がかかりました。それでも私は、年齢や環境を言い訳にせず、信じて走り続けました。その結果、少しずつ先方の信頼を勝ち取り、ビジネスは着実に成長していったのです。

多くの人が、年齢や環境に縛られすぎていると感じます。「自分にはもう時間がない」と思い込んでしまうこともあるでしょう。しかし、成果につながるチャレンジには、時間の制限なんてありません。重要なのは、どれだけ情熱を持って目標に向かって進むか、その覚悟です。

成功者を見ても、年齢が重要ではないことがよくわかります。たとえば、カーネル・サンダースは60歳を過ぎてからケンタッキー・フライドチキンを立ち上げ、世界的なチェーンに成長させました。こうした例は、年齢がただの数字に過ぎないことを証明しています。自分の信念を持ち、それを行動に移すとき、**年齢は決して障害にはならない**のです。

また、成果を出すためには「環境」も確かに大事な要素かもしれませんが、それがすべてではありません。時には、**逆境こそが最大のチャンス**になることもあります。

私自身も、起業当初は決して恵まれた環境ではありませんでしたが、だからこそ逆境を乗り越えようとする強い意志が芽生え、今の自分があると強く感じています。

才能についても同じです。自分に才能があるかどうかを悩むよりも、その才能を信じ、磨き続けていくことが大切。誰もが最初から才能を発揮できるわけではありません。私も、特別な才能があったわけではなく、むしろ日々の努力と行動を通じて、少しずつ自分の強みを見つけていったのです。

だからこそ、私は皆さんに伝えたい。年齢や環境、才能を言い訳にせず、常に自分を信じて行動し続けることが、価値ある未来を創る最短ルートだということを。人生は一度きりです。今からでも遅くありません。年齢や環境に左右されず、自分の信念を貫いていけば、必ず道は開けます。成果は待っているのではなく、追いかけてつかみ取るものなのです。

「努力は裏切らない。だからこそ、信念を持って走り続けよう」

これが、私が起業し、今に至るまで貫いてきた信念です。あなたも、自分の信念を貫き、どんな逆境にも屈せず前進し続けてください。そうすれば、必ずや充実した結果が待っているはずです。

・挑戦しないことが一番もったいない

前の項目でも書きましたが、私が起業を決めたのは、31歳。しかも一人起業。「そんなに遅い年齢で、しかも一人で大丈夫なの？」と心配されることもありましたが、私はそうは思いませんでした。むしろ「今がそのタイミングだ！　一人だからできることもある」と、直感的に思いました。年齢なんて関係ありません。人生には、いつだって自分次第で新しい挑戦ができる瞬間が訪れます。

世の中には「今さら始めても遅いよ」とか、「自分には才能がない」と言い訳する人が多いかもしれません。でも、その言い訳って、ただ自分を縛っているだけではないでしょうか。自分の可能性を制限しているのは他でもない、自分自身の心だと思います。本当のところ、挑戦は年齢に縛られることなく、環境にかかわらず、いつだって自分の意思次第で始められます。

60歳で新しいスポーツに挑戦する人もいます。70歳でピアノを始める人だっています。誰が「もう遅い」って決めたのでしょうか？　挑戦に年齢制限なんてありません。世間が勝手に決めた「挑戦できる年齢」なんて、ただの幻想に過ぎません。大事なのは、挑戦しようと思ったときが、最高のタイミングです。

ここで重要なのは、失敗を恐れないということです。挑戦にはリスクがつきものですが、失敗は挑戦の副産物でしかありません。失敗したとしても、そこから学び、また新たに挑戦すればいい。**成功者は皆、失敗と挑戦を繰り返しながら成長していくのです。**

聖書にも、「**恐れるな。わたしはあなたとともにいる。たじろぐな。わたしがあな**

たの神だから。わたしはあなたを強め、あなたを助け、わたしの義の右の手で、あなたを守る。」（イザヤ書41章10節）という力強い言葉があります。挑戦には恐怖が伴いますが、その瞬間こそ、「聖書の知恵」から学び、信じて進むときです。恐れる必要はありません。神様がともにいて、勇気を与えてくれるのです。

自分の中で「これをやりたい」と思ったなら、それがどんなに小さなことでも、すぐに挑戦してみてください。最初は失敗してもいい。行動しないことのほうが、何倍ももったいないですから。私が31歳で一人起業を決めたのも、「やりたい」という気持ちを信じて行動した結果です。もしそのときに行動を起こしていなかったら、今の私はいなかったでしょう。

私はこれまで、挑戦することで成長ある結果をつかんできました。起業して最初の数年は、うまくいかないことばかりでした。でも、その挑戦の連続があったからこそ、今の自分があります。挑戦していない人には、この感覚はわからないかもしれません。でも、一度挑戦してみると、失敗さえも「次につながる学び」があると感じるようになります。これが、挑戦することの素晴らしさです。

読者の皆さんも、何か挑戦したいことがあるのなら、「年齢」や「環境」を言い訳にしないでください。「自分には無理だ」と思い込んでいるのは、あなたの勝手なマイナス思考からくる幻想です。自分の可能性に限界を作らず、一歩を踏み出してみてください。そうすれば、挑戦の先に広がる世界の素晴らしさに気づくはずです。たとえ、あなたが今どんな状況にいても、挑戦はいつでも可能です。新しい仕事、新しい趣味、新しいスキル、どんなことでも挑戦することに価値があります。そして、**その挑戦がどれほど自分の人生を豊かにしてくれるかは、行動してみなければわかりません。**

「もう遅い」「自分には無理」と思っているなら、その考えを一度捨ててください。何にでも挑戦できるのは、あなたが生きている限り、いつでも可能です。挑戦することで、どんどん成長し、そしていつの日か、その挑戦が大きな成長をもたらす日が必ず来ます。

挑戦する怖さは、誰にでも共通のことです。でも、やらなければ、その成功は絶対に手に入りません。成功者たちは、常に挑戦し続けた人たちです。人生のどの段階でも、挑戦し続けることで、自分が思ってもいなかった未来が開けてきます。

・セミナーでは一番前の席に座る

「人生には絶えずチャンスがある！」と言うと、疑問に思われるかもしれませんが、答えは「ＹＥＳ！」です。しかも、そのチャンスは突然やってきます。何も「特別な人」だけに与えられるわけじゃないと感じています。**どんな人にも、いつでもチャンスは巡ってきます**。しかし、それに気づけるかどうかなのです。

よく、「自分にはチャンスがない」と言う人がいますが、それは、ただ目の前のチャンスに気づいていないだけだと思います。まるで、寝ぼけたまま目の前の宝箱をスルーしているようなものです。「今すぐ目を覚まして！　目の前にチャンスがあるよ！」って叫びたくなる瞬間がたくさんあると私は感じています。

私がビジネスを運営していく中でも、正直言うと、特別な「チャンスの時」があったわけではありません。ただ、日々の仕事の中で「これは一歩踏み出してつかむべきだ」と思う瞬間が、あった、いや、あったと思い込みつかんできました。チャンスだと思い込みつかみ続けていった結果が、私のすべての可能性を広げてくれたと思っています。読者の皆さんにも、そんな「これは、チャンスかも」っていう瞬間があるはずです。大事なのは、そのチャンスをつかむか、つかまないかの違いにあると感じております。

たとえば、セミナーに参加する際、私はいつも「よし、チャンスをつかむぞ！」と意識して**一番前の席に座る**ようにしています。後ろのほうに座っていると、講師の先生からは「ただの一参加者」に見えてしまう。しかし一番前に座ると、講師の目に自然と留まりやすくなり意欲的に見えます。

実際、あるセミナーでの話です。私は、いつものように一番前の席に座りました。

講師の先生が講義を進める中、ふと私の目を見て話しかけてくれました。それをきっかけに、後で名刺交換をすることができ、なんと、その講師が私のビジネスに興味を持ち、結果的に大きなビジネスチャンスへとつながったのです。

一番前に座るという小さな行動こそ、チャンスをつかむための第一歩。多くの人は、後ろのほうに座りがちですが、前に座るというのは自分をアピールする絶好のチャンスなのです。まさに「**小さな行動が大きな結果を生む**」ということ。この一歩を踏み出すかどうかで、後の展開が大きく変わります。一番前に座ることが、ただの「席選び」ではなく、未来を変える大きなきっかけになるかもしれません。たったそれだけのことで、人とのつながりが生まれ、新たな道が開けるのです。チャンスというのは、意外と目の前に転がっているのです。ちょっとした会話や行動が、後々大きな結果を生むことだってあるのです。

そして、チャンスをつかむためのコツが一つあります。それは「常に準備しておくこと」です。誰だって、準備ができているときにチャンスが来れば、迷わずそのチャンスをつかめます。でも、準備不足だと「あれ？　何かあった？」ってスルーしてしまう。だから、心の中で「来い！　チャンス！」と、いつでもウェルカム状態にしておくことが大切です。

人生はビンゴゲームみたいなものです。毎日、数字がランダムに発表されています。その数字に気づくかどうかはあなた次第。運よく「ビンゴ！」となったら大歓喜！　でも、その瞬間がいつ来るかは誰にもわかりません。だからこそ、毎日カードをしっかりとチェックしておかないと、チャンスが来ても見逃してしまうのです。

聖書にも「**求めなさい。そうすれば与えられます。**」（**マタイの福音書7章7節**）という言葉があります。これはつまり、「チャンスを求める気持ちがあれば、それは必ずやってくる」ということです。私たちの人生には、チャンスがたくさん与えられています。それを「求める」心で、「つかんでやるぞ」という気持ちがあればしっかりとキャッチできるのです。

「準備している人」にこそ、チャンスは微笑むものです。思い出してみてください。学校の運動会の短距離走だって、ちゃんと練習していた人が勝つ確率が高くなります。ビジネスも同じです。しっかりと準備し、学び続けている人には、いつチャンスが来ても「今だ！」とわかるものです。だからこそ、いつでも「これがチャンスだ！」と思って、毎日を過ごしましょう。

そして、その小さなチャンスを見逃さずにつかんでいくことが、やがて大きな結果へとつながります。最初は「屁《へ》の突っ張りにもならない」ように思える小さなチャンスのつみ重ねが、いつか大きな扉を開けてくれると確信します。

・人生を好転させる3つのポイント

「人生が好転しないのは、好転する仕組みに自分の身を置いていないだけ」。これって、結構深い考え方だと思います。人生が思うように進まない、目標に到達できないと感じる人って意外と多いと思います。でも、それは、実は「好転する仕組みに上手に自分の身を置いていない」だけだと強く感じております。

人生好転の仕組みさえ整えれば、誰だって人生を好転させることができると私は信じています。ここでは、そのための３つのテクニックをお伝えしましょう。

1．「環境」を見直して、身を置く場所を変える

まずは環境です。周りの人たち、仕事のスタイル、日常の習慣、すべてがあなたの人生に影響を与えています。**今の環境が変化を拒むようなものだったら、思い切って変えましょう。**たとえば、私はビジネスを始めた頃は、周りに応援してくれる仲間が少なかった。ですが、意識してビジネスセミナーや交流会に参加することで、自分と同じ志を持つ人たちとつながり、それにより、モチベーションが急激にアップしました。

さまざまな勉強会などで、いつも後ろに座っていた人が、前の席に座るようになると、景色が一変します。講師とも目が合うし、交流の輪も広がる。つまり、「自分を

置く場所・環境」を意識して変えれば、思いがけないチャンスが訪れるのです。

環境を変えるのは怖くもありますが、「この環境にいても何も変わらない」と思ったら、勇気を持って飛び出してみてください。新しい環境に身を置けば、自然と好転する仕組みが動き出します。

2.「小さな成功体験」をつみ上げて自信を持つ

大きな目標を掲げるのは良いことですが、その目標にたどり着くまでに「小さな成功体験」をつみ重ねることが大切です。なぜなら、**大きな成功は一気に訪れるものではなく、小さなステップのつみ重ねで実現します。**私のビジネスは、いまだにコツコツ営業することが重要です。一件、一件、しっかり関係を築いていく。その小さな関係性からの構築が、自信となり、徐々に大きな仕事へとつながってきました。日常の中で「今日の営業活動は一歩前進できたかな」と感じる瞬間からのつみ重ねから、ゆっくりと自信がつきます。

気づいたときにはそのつみ上げが、大きな成果につながるのです。小さな成功は「好転する仕組み」の土台《どだい》。大きな夢に向かっても、まずは目の前の一歩を大切にしましょう。

3．**「感謝」の習慣を取り入れて、マインドセットを好転させる**

最後は、感謝の習慣です。この「感謝」の習慣、意外と強力です。感謝の心を持つことで、ポジティブなエネルギーが自分の中に広がり、それが周りにも伝わります。私は**日々の生活で感謝する習慣を持つ**ことを意識しています。小さなことにでも感謝する。「今日も健康でいられることに感謝」「仕事があることに感謝」など、どんなに些細なことでもいいので、感謝をしっかり意識します。

感謝をすると、自分の心が自然とポジティブになり、心が整っていく感覚になります。聖書に「**すべての事について、感謝しなさい。**」**（テサロニケ人への第一の手紙5章18節）**という言葉がありますが、これもまさにその通り。

感謝の習慣を持つと、不思議とプラス思考から道が広がっていくように感じます。マインドがポジティブになれば、行動も自然と前向きになり、結果として「好転する仕組み」に、どんどん乗っていけるようになると感じております。

人生が好転するかどうかは、すべてあなたがどんな仕組みに身を置くかにかかっています。環境を変え、小さな成功をつみ重ね、感謝の習慣を持つこと。これらのテクニックを意識することで、気づけば人生が大きく変わり始めます。さあ、今日からあなたも好転の仕組みに飛び込んでみましょう。

・「ありがとう」を伝えるだけで相手はあなたのファンになる

人は「感謝されたい」「自分の努力を認めてもらいたい」とどこかで感じているものです。だからこそ、**感謝の言葉を相手に伝えるだけで、相手はあなたのことをもっと応援したくなります。**ここでのポイントは、ただ「ありがとう」と口にするだけでなく、しっかりと心から感謝の気持ちを込めることです。それが相手に伝わり、ファン作りの一歩になります。現代のビジネスシーンでは、感謝の気持ちをＳＮＳで表現することも非常に効果的です。たとえば、あなたが何か商品やサービスを提供しているとします。その際、購入してくれたお客様や、協力してくれたビジネスパートナーに「ありがとう」と一言メッセージを添えて投稿するだけで、その感謝の気持ちが広がり、フォロワーとのつながりが強まります。

ＳＮＳは双方向のコミュニケーションツールです。だからこそ、ただ情報を発信するだけでなく、感謝の気持ちを積極的に伝えることで、フォロワーとの絆を深めることができます。特にビジネスのＳＮＳアカウントでは、感謝の投稿を意識的に行うことで、フォロワーがあなたの人間性を感じ、自然と「この人を応援したい」「この人のサービスを利用したい」と思ってくれるようになります。

弊社のＳＮＳ展開においても「ありがとう」や「いいね」を、積極的に使っています。たとえば、ビジネスで新しいクライアントと出会ったり、ちょっとしたコメントがあったりしたときには、その感謝の気持ちをＳＮＳで伝えるようにしています。それによって、見ている人々も「この会社は人とのつながりを大事にしているのだな」

と感じてくれ、その結果として会社に対する信頼や応援が増えていると実感しています。

人は自分を大切にしてくれる人に自然と心を寄せます。「ありがとう」という言葉は、相手に対して「あなたの存在が私にとって価値がある」「あなたの助けがとても重要だった」というメッセージを伝えます。ビジネスの世界でも、上司やクライアント、顧客に対して感謝の言葉を惜しみなく伝えることで、あなたは「頼りになる存在」「誠実な人」として認識されるようになります。

感謝の気持ちを表現すると、相手もあなたを気にかけ、応援してくれるようになります。これがつながりの輪を広げ、ビジネスにおける強力なファンベースの構築になります。たとえば、顧客が商品を購入してくれたとき、「ご購入ありがとうございます」としっかりとお礼を伝えるだけで、次回もあなたから商品を買ってくれる可能性が高まります。何度もこの感謝のサイクルを繰り返すことで、顧客はあなたの「ファン」となり、リピーターへと成長します。

私はビジネスにおいても、感謝のつみ重ねがどれほど重要かを実感しています。営業後や実際依頼があったお客様に対し、手書きのお礼状を通して、感謝の気持ちを伝えることを徹底してきました。大手企業のように大量の顧客を抱えることができない分、一件一件の出会いや仕事に対して真摯《しんし》に感謝の気持ちを示すことが、私のビジネスを支えてくれました。結果として、その「ありがとう」のつみ重ねが口コミにつながり、さらに多くの顧客との出会いを作り出したのです。

大きな成果を夢見る人は多いですが、その成果は「小さな感謝のつみ重ね」によって築かれていくものです。今日「ありがとう」を伝えた一言が、明日、来月、1年後に大きな成長となって素晴らしい結果をもたらしてくれるのです。

もう一つ大切なことは、**感謝の言葉が人間関係を長く続かせる**ということです。ビジネスパートナーやクライアント、従業員との関係も、「ありがとう」の気持ちを常に持っていれば、関係が良好に保たれ、信頼関係が深まります。私が感じるのは、感謝の心が欠けている人は、どんなに能力が高くても、ビジネスでも人間関係でも長続きしないということです。感謝の気持ちを忘れない人は、周りからも大事にされ、その結果、自然と成長のチャンスが増えていきます。ビジネスでの成長は、スキルや知識だけでなく、人間関係の質が大きく影響するのです。

最後に、日々感謝の気持ちを持ち続けるためのコツをお伝えします。それは、**毎日自分に「ありがとう」と言う**ことです。自分に感謝できる人は、他人にも自然と感謝の気持ちを伝えることができます。毎朝、自分に対して「今日も自分、ありがとう」と言って一日を始めるだけで、心が整い、周りにも感謝の気持ちが溢れていくはずです。

「ありがとう」という言葉は、ビジネスでもプライベートでも、奇跡を起こす力を持っていると思います。毎日、自分を含めて周りの人に「ありがとう」を伝え続けていれば、その感謝のつみ重ねから、あなたの周りにはたくさんのファンができていくでしょう。感謝の気持ちを育てて、どんどん好循環を生み出していきましょう。

・「求めなさい。そうすれば与えられる」

いよいよ最後の項目です。この本を書き上げるまで、私自身が歩んできた道のり、そしてそこで得た知恵や経験、試練、喜び、すべてを注ぎ込んできました。だからこそ、最後に一番大切なことを伝えたい。結局のところ、すべての知識や技術、教え、そしてこの本に書かれてきた言葉は、あなたが本気で動き出すその瞬間まで、ただの情報に過ぎません。しかし、**動き出したその瞬間、すべてが変わります**。行動こそが、すべての鍵を握っています。

多くの人は、人生においてさまざまな理由をつけて行動を先延ばしにします。「まだ自分には準備ができていない」「もっと完璧なプランを立ててから動き出そう」……そんなふうにして、どんどんチャンスを見逃してしまう。そして、気がつけば「もしあのとき、動いていたら……」と後悔することになる。でも、本当に必要なのは、完璧なプランでも、最高のタイミングでもない。必要なのは、今、この瞬間に〝動くこと〟。その一歩がすべての扉を開き、次のチャンスを引き寄せるのです。

「価値ある人生を歩むなんて自分には無理だ」と感じている人もいるかもしれません。自分には才能がない、環境が整っていない、年齢的にも遅すぎる。そんなふうに思うこともあるでしょう。しかし、それらはすべてマイナス思考から生まれる後ろ向きの思考です。私自身も、決して順風満帆な道を歩んできたわけではありません。何度も「うまくいかないよ」「すぐに潰れるよ」「やめたほうがいい」と、言われ続けました。しかし、自分を信じ、何よりも「聖書の知恵」を信じて一歩一歩と歩んできました。大事なのは「やってみよう」という気持ちで動き出す。そう、**動き続けること**です。年齢や環境、才能不足を理由にして自分を止めてしまうのは、自分自身への裏切りだと思います。

たとえ、何かに挑戦して失敗したとしても、それは「失敗」ではなく「学び」です。人は失敗を通して成長します。**挑戦し続ければ、必ず結果はついてくる**。そして必死に全力で動き続けることができた人だけがチャンスを手に入れることができると確信しています。

一度動き出したら、次に必要なのは「続けること」。最初の一歩が最も大切ですが、その後の二歩目、三歩目も、同じくらい大切です。最初の一歩は勇気を持って踏み出せるけど、続けることができずに途中で挫折する人が多い。それは、ゴールが遠すぎると感じてしまっているからです。だからこそ、日々の小さな勝利をつみ重ねていくことが重要です。

毎日のちょっとした努力や挑戦が、やがて大きな結果につながります。大きな目標を持つことも大事ですが、その目標に向かって「今できること」を少しずつつみ重ねていく。これが自分らしく全力で生きる歩み方です。

私自身も、最初は本当に小さなことから始めました。大きなビジョンを描きつつも、目の前の仕事に全力で取り組む。それを続けた結果の今があります。最初は四畳半の自宅の一室で、事務所とも言えない狭い部屋からのスタートが、今は鎌倉《かまくら》、京都《きょうと》、大《おお》阪《さか》、東京《とうきょう》の4オフィスにまで拡大しました。これは奇跡でも何でもない。ただ、**全力で生きることを意識し継続して行動し続けた結果**だと思っています。

　ここまで、この本で述べてきたことのすべては、結局「**あなたが本気で動き出す**」ことにかかっています。私がどれだけアドバイスをしても、どれだけ知恵を共有しても、それを行動に移すのは「あなた」です。本気で動き出すとき、すべての歯車が噛み合い始めます。周りが「何か違う」と気づき、あなたに引き寄せられてくる。動き続けることで、あなた自身が変わり、あなたの周りも変わっていく。そして、結果的に価値ある未来が訪れるのです。

　最後に、聖書の中で私が一番大切にしている言葉を贈ります。
「**求めなさい。そうすれば与えられます。捜しなさい。そうすれば見つかります。たたきなさい。そうすれば開かれます。**」**（マタイの福音書7章7節）**

　求めること、捜し行動すること、そしてたたき続けること。これが、勝利ある人生につながっていきます。あなたが本気で動き出すとき、あなたの人生は必ず好転し、勝利への道が開かれます。行動する勇気を持ち、信じ続ける力を持ってください。すべての結果は、あなたの手の中にあります。

これまでの私の思いと経験を、すべてこの本に詰め込みました。今度は、あなたの番です。どうか、新しい一歩を踏み出し、素晴らしい人生をつかんでください。あなたが本気で動き出すその瞬間から、すべては必ず好転していくでしょう。祈っています。

おわりに

ここまで、この本を読んでくださり、本当にありがとうございます。私自身、これまでの人生を振り返りながら執筆を進めてきました。ビジネスの世界に飛び込んでからの経験、試練、そして成長への道のり。すべてがこの本に詰まっています。正直に言えば、私の人生は決して平坦なものではありませんでした。何度も壁にぶつかり、立ち止まることも多々ありました。しかし、そんなときに私を支えてくれたのは「聖書の教え」と、「周囲の方々の支え」です。

ビジネスも人生も、一つ確実に言えるのは、成長するためには「**信念**」を持ち続けることが大切だということです。試練に直面すると、どうしても心が折れそうになります。しかし、その試練をどのように乗り越えるか、そしてどれだけ「続けられるか」が重要です。私はこの本を通して、「あなた」に伝えたい。それは、**困難なときこそ、「あなたの成長のチャンス」**ということです。

困難は誰にでも訪れます。私自身、何度もそのような瞬間を経験してきました。でも、そのたびに気づいたことは、試練があるからこそ、人は強くなれるということです。ビジネスを続けていると、想像もしなかった事態に次から次へと見舞われます。そんなとき、「またか」とため息をついてしまいそうになることもあります。でも、その都度、私は「これが成長のチャンスだ」と自分に言い聞かせてきました。

この本では、聖書の言葉からキリスト教的な教えをたくさん取り上げてきましたが、最後に、あなたに伝えたい聖書の言葉があります。それは「**すべての事について、感謝しなさい。**」**(テサロニケ人への第一の手紙5章18節)**。この言葉が、私の人生を支えてきたと言っても過言ではありません。困難や失敗、逆境さえも感謝の心で受け止める。それが、次の勝利への道を開いてくれると確信しています。

人生の中で、時には感謝を忘れがちになることもあります。特に忙しい日々の中で、小さなことに感謝する余裕がなくなることもあるでしょう。でも、そうしたときこそ、少し立ち止まり、今あ[illegible]々に対して感謝の気持ちを抱くことを思い出

してください。**どんなに小さなことでも、感謝の心を持つことで、新たなエネルギーが湧いてくるものです。**

この本は、ビジネス書でありながら、私の人生の中での数々の試練と、それをどう乗り越えてきたかという物語でもあります。大きな成果は一瞬で手に入るものではありません。何度も転び、何度も立ち上がる。その中で得られるものこそが、本当の成功だと私は信じています。ビジネスにおいても人生においても、私たちは、常に選択権を持っています。「挑戦するか、それとも諦めるか」。私は何度もその選択を迫られてきました。そして毎回、挑戦を選び続けてきたからこそ、今の自分があります。もしあのとき、諦めを選択していたらどうなっていたか……。

この本を通して皆さんに伝えたいのは、いつからでも、誰でも、何にでも挑戦できるということです。年齢も環境も性別も関係ありません。私の起業も、遅いスタートだったかもしれませんが、それでも道は開けていきました。そして、その道を一歩ずつ進んでいく中で、人生は必ず好転していくのだと信じられるようになりました。

さて、間もなく、この本は終わりを迎えようとしています。しかし、読者の皆さんは、ここからが本当のスタートです。皆さんがこの本を手に取ったその瞬間から、皆さんの人生は、新たなステージに入ったのです。だからこそ、もう一度、自分の未来に向かって全力で生きてほしいと願っています。私はこれからも挑戦し続けます。そして、あなたも。

最後に、この本を形にしてくださった出版社さくら舎の古屋編集長並びに編集担当の古屋玲奈さんに心から感謝いたします。私の想いを形にしていただいたことに深く感謝しています。そして、家族、友人、会社のスタッフたちにも感謝の言葉を送ります。皆さんがいてくれたからこそ、私はこの本を書き上げることができました。本当にありがとう。

さて、「あなた」もこれからがスタートです。この本を読んで、少しでも「よし、自分もやってみよう」と思ってくれたなら、それは私にとって最高の喜びです。人生は、挑戦することでしか前に進めません。どんなに小さな一歩も、その一歩が未来を

変えることを忘れないでください。そして、常に感謝の心を持って、全力で歩み続けていきましょう。

最後にもう一度。人生は、挑戦し続けることで好転していきます。

だからこそ「聖書の知恵」を心に留めつつ、一緒に前へ進んでいきましょう。

野田《のだ》和裕《かずひろ》

本文中の聖書箇所は、「聖書（新改訳）」（https://seisho-shinkaiyaku.blogspot.com/2010/12/blog-post_1921.html）から引用したものです。

著者略歴

1974年、福島県に生まれる。株式会社ライフワークス 代表取締役。東京基督教大学神学部神学科を卒業する。

祖父は、甲子園出場で有名な聖光学院高等学校（福島県代表）の創設者。祖父の代よりキリスト教の精神に則った教育・福祉関連事業（全国40事業所、従業員数1000人）を展開する実業家一族に育ち、幼少の頃からキリスト教精神を学ぶ。

2006年、31歳でキリスト教に特化した葬儀社を創業。これまでに延べ4000人の葬儀をサポートし、創業20年目を迎える。現在、鎌倉・京都・大阪・東京の4オフィスまで事業を拡大し、日本最大のキリスト教葬儀社となっている。

セミナー実績は、日本全国のキリスト教系の団体500ヵ所で開催、延べ1万人が参加し、わかりやすい内容には定評がある。

キリスト教系メディアでの取材も多く、クリスチャン経営者として国内で高い知名度を誇るひとりである。

著書には『ビジネスで勝ち抜くための聖書思考』（ぱる出版）がある。

ビジネスに活《い》かす聖書《せいしょ》の知恵《ちえ》——挫折《ざせつ》・怠惰《たいだ》から直感《ちょっかん》・感謝《かんしゃ》へ

二〇二五年四月六日　第一刷発行

著者　野《の》田《だ》和裕《かずひろ》

発行者　古屋信吾

発行所　株式会社さくら舎　http://www.sakurasha.com

東京都千代田区富士見一-二-一一　〒一〇二-〇〇七一

電話　営業　〇三-五二一一-六五三三　FAX　〇三-五二一一-六四八一

編集　〇三-五二一一-六四八〇　振替　〇〇一九〇-八-四〇二〇六〇

装丁　アルビレオ

印刷・製本　モリモト印刷株式会社

ISBN978-4-86581-458-3